イチジクの木の下で

『ガリラヤのイェシュー』と合わせて読む
新約聖書四福音書解説書

上巻

山浦玄嗣

イー・ピックス

ナタナエルが言った。
「何でまた、この俺のことをわかっていなさる？」
イェシューさまは答えて、言いなさった。
「フィリッポがそなたを呼ぶ前に、そなたがイチジクの木の根方にいるのを見たのさ。」

（ヨハネ一・四八／私訳）

イチジクの木の根方にいるというのは、聖書をしっかりと学ぶという意味の、一世紀当時のヘブライ語における慣用表現でした。この本の書名はこの故事からとっています。

さあ、ごいっしょにイチジクの根方にすわりましょう。わくわくするような楽しい世界が待っています。

（著者）

目次

イチジクの木の下で――上

▼方言表記上の約束

方言音声を正確に表わすには通常の仮名文字では足りません。印刷の関係上、本書では『ガリラヤのイェシュー』の表記法に倣い、ケセン語などガ行濁音と鼻濁音の厳密な区別が必要な方言の表記に次のような約束をしておきます。

地の文の「がぎぐげご」は鼻濁音、「が・ぎ・ぐ・げ・ご・」は濁音として読む。

あ**げ**だりさ**げ**だり（上げたり下げたり）＝鼻濁音

た**が・**らもの（宝物）＝濁音

振り仮名では「がぎぐげご」は鼻濁音、「ガギグゲゴ」は濁音として読む。
また、視認性をよくするため振り仮名では促音の「っ」を「ッ」で表記する。

御言持《みゴども》ぢ　　尊《たッ》とい

ケセン語など東北弁では「し・す」「ち・つ」「じ・ず・ぢ・づ」はそれぞれ中舌音で発音上の区別をしませんが、仮名文字にはこれらを表わす適切な文字がないので、表記上は標準語の表記を援用します。

イチジクの木の下で

上

二　サクノさんの涙

わたしが子供の頃、岩手県気仙《けせん》地方（大船渡市、陸前高田市、住田町、釜石市唐丹町）にカトリック信者は我が家一軒だけでした。両親は熱心にイエスさまのことを教えてくれました。貧しい馬小屋に生まれて、大工職人になって、ヨルダン川で洗礼を受けて、荒れ野で四十日修業して、それから三年の間、人々に神さまの心を伝えようと頑張ったけれども、最後には十字架で殺されて、三日目によみがえって、天国にお戻りになり、世の終わりには、わたしたちを迎えに来てくださる。そんなすてきな話を繰り返し話してくれました。小学校一年生の時にその父が死にました。

ラジオは村に二、三台。一日遅れの新聞を読む人は村に十人もいない、そんな時代です。すきま風の吹きこむ薄暗い裸電球の下、貧しい囲炉裏でイエスさまの物語を聴きました。外の闇に唸《うな》る風や潮騒《しおざい》の音に混じって、悪魔の咆哮《ほうこう》が聞こえてくるようでした。きしむ梁《はり》の下、床の間の小さな祭壇には心細い蠟燭《ろうそく》がともり、イエスさまの十字架像とやさしげなマリアさまの像が揺れていました。

でもそんなすてきな話を友だちはわかってはくれませんでした。説明がへただからだろうと思って、家にあった古い聖書を引っ張り出して、読んできかせたこともあります。ラゲという偉い神父さまが訳したというその聖書は越喜来《おッきらい》村の子供らにはチンプンカンプンでした。

イエスさまの言葉を気仙の言葉にしたいと、子供の頃から痛切に思ってきました。ふるさとの言葉にケセン語という名をつけて、研究に取り組んだ一番大きな動機は、イエスさまのことをわたしの大好きなふるさとの仲間、気仙衆《けせんし》に活き活きと伝えたかったからです。


「山上の垂訓」と呼ばれる有名なイエスのお説教の一部を気仙の言葉に直してみました。なかなかいい出来栄えだと思うようになって、嬉しくて、母親に披露しました。

「冒瀆《ぼうとく》になるかもしれません」

居住まいを正した老いた母は、厳しい顔でそう言いました。衝撃でした。

そうかも知れません。明治戊辰戦争で賊軍として敗北して以来、われわれのズーズー弁は人前で話してはならない、野卑、無教養、低俗の極み、嘲笑すべき醜悪な方言だとされていたのです。年配の方は覚えておいででしょう。われわれ東北人がひと言口を開くと、その訛りのために満座の笑いものにされ、一人前の人間扱いされなかったあの屈辱は忘れることができません。「方言撲滅」は国の教育の基本方針でした。さげすまれたそんな言葉で尊いイエスさまの言葉を語るなど、悪ふざけを通り越して冒瀆の大罪かも知れないと母は真剣に心配したのでした。

昭和五十四年、カトリック大船渡教会は献堂二十五周年の記念式典をしました。わたしは大喜びで仙台から懐かしいふるさとに帰りました。司教さまや神父さまがたが大勢参列して盛大なミサが捧げられ、たのしい祝宴となりました。そのときわたしは余興のためとして壇に立ちました。手には、ケセン語に訳した聖書の一頁を握っていました。何としてもみんなに聴いてもらいたかったのです。

「空の鳥を見よ。彼らは播くことなく、刈ることなく、倉に納むることなきに、汝らの天父はこれを養いたもう……」慣れ親しんだ山上の垂訓がケセン語になりました。

「空《そら》のカラスゥ見《み》なれ。種《たね》まぎもしねァし、稲刈《いねガり》もしねァし、秋仕舞《あギじめァ》ァもしねァ。んだどもそなだァどァ天《てん》のお父様《どッつァま》ァこれァどォ養《あづガ》ってけやんでァねァな……」

（ケセン語訳新約聖書・マタイによる福音書六・二六）

居並ぶ立派な司教さまや神父さまがたの前で、自分たちの恥とする醜悪なズーズー弁で聖書が読まれたのです。奇妙な笑いが会場からわきあがりました。ズーズー弁を聞いたら笑うのが作法であると強要されてきた東北人特有の、悲しい卑屈な笑いでした。でもそれはやがて静まりました。会場全体を感動が包むのを感じました。

小山《こやま》サクノさんというおばあさんは生粋《きっすい》の気仙衆《けせんし》でした。会が終わったとき、彼女はわたしの手をしっかりと握って、言いました。「ハルツグさん、いがったよ。おらね、何十年もこうして教会さ通《あり》ってっともね、今日のぐれァイエスさまの気持ちァわがったごどァながったよ……」

　サクノさんの目に光る涙を見たとき、わたしはマリアさまに会ったような気がしました。サクノさんは信仰の厚い、やさしいおばあさんでした。熱心に教会に通い、人々のために尽くしました。でも、彼女は悩んでいたのです。御ミサで朗読される聖書は、「立派な」標準語で書いてあります。頭ではわかったつもりでも、その言葉は所詮は頭の言葉でありました。胸の中、腹の奥にまっすぐに響くものではなかったのです。お慕いするイエスさまの気持ちがよくわからない。その「申し訳なさ」はどんなに悲しかったことでしょう。でも、自分たちの言葉で語られるイエスさまの言葉を聞いたとき、何の説明も解説もないのに、彼女はイエスさまの気持ちが本当によくわかったのでした。

　サクノさんの頬を伝ったあの美しい涙は、あれからずっと、わたしの魂を導き励ます明けの明星となりました。

二　ケセン語訳聖書からセケン語訳へ

ふるさと、岩手県気仙地方の言葉をケセン語と名づけて三十有余年、このケセン語にイエスさまの福音を翻訳してふるさとの仲間に伝えたいという幼いころからの夢を追い求めました。ケセン語の研究にのめりこみ、無文字言語のケセン語に、ふさわしい文字を工夫し、文法を整備し、『ケセン語入門』や『ケセン語大辞典』を著し、二十五年が過ぎました。それらが完成したとき、わたしは六十歳になっていました。いよいよ聖書の翻訳にとりかかりました。われわれの手元には全国のカトリックとプロテスタントが力を合わせて翻訳し、公式に採用しているすぐれた翻訳『聖書　新共同訳』があります。これをもとにして、ケセン語に直してゆけば事足りる。最初は気軽にそう思っていました。ところが、そうはいかなかったのです。

生れながらのカトリックとして暗記するほど慣れ親しんだ一字一句が、翻訳不能の厚い壁になって立ちはだかりました。教会という小さな社会の中で、特殊なキリスト教用語に慣れ親しみ、疑問を抱くことなく過ごしてきた日々でした。それなのに、それを世間さまに通じる言葉に直そうとしたら、どうしていいかわからなくなったのです。

「聖霊」とか「預言者」とか「洗礼」とか「律法学者」とか「隅の親石」などという単語はケセン語にはありません。「人々はイエスにつまずいた」と言ったら、気仙では道の真ん中で昼寝をしているイエスさまの足に通行人がけつまずいたことにしかなりません。イエスのことを聖書では「ダビデの子」と呼んでいますが、ダビデの子はソロモン、イエスではありません。こうした聖書用語は、ふるさとの仲間には通用しません。

翻訳の翻訳ではだめです。古代ギリシャ語で書かれた新約聖書の原典からケセン語に直接翻訳することに挑みました。やってみると今までよくわかっていなかったことが見えてきて、おもしろくてならなくなりました。こうして『ケセン語訳新約聖書　四福音書』ができあがりました。

聖書は、ユダヤ教の聖典である旧約聖書と、イエスは神さまなのだと信じるキリスト教徒がこれにつけ加えた聖典、新約聖書から成っています。両方とも大切な聖典です。新約聖書にはイエスの生涯とその言葉を記録した四つの『福音書《ふくいんしょ》』とその他のたくさんの書物が入っています。イエス自身は一行の文も残しませんでした。弟子たちが口伝えにしてきた彼の言葉や事績を、彼の死後まずマルコという人がまとめて『マルコによる福音書』を書きました。これにマタイとルカという人が独自に収集した資料を重ね合わせて、それぞれ『マタイによる福音書』、『ルカによる福音書』を書きました。この三つは『マルコ』を下敷きにしていますので、イエスを語る視点が共通しており、共観福音書と呼ばれます。これとは別にヨハネという人が『ヨハネによる福音書』を独自の観点で書いています。この四つの福音書をわたしは翻訳しました。

ＮＨＫがたまたまこの話を耳にして、教育テレビの「こころの時代」で「ケセン語で読む聖書」という一時間番組を制作し、全国に放送しました。すると視聴者から「イエスの肉声が聞こえる」とか、「驚いた！　わからないはずの東北弁の聖書が、わかるはずの標準語の聖書よりよくわかる」という声が何百通も寄せられ、まだ出版もしていない本に注文が殺到しました。

出版元はカトリック大船渡教会の仲間、イー・ピックス出版の熊谷雅也氏です。二〇〇二年から二〇〇四年にかけて、『ケセン語訳新約聖書　四福音書』全四巻を出版しました。時の教皇ヨハネ・パウロ二世はこれをお喜びになり、気仙の友人たち二十八人の「ケセン遺欧使節団」はローマに招かれて謁見を許され、これを献上することができました。

そして全国の読者から新たな課題が出されました。

「ケセン語訳聖書は、とてもわかりやすいけれども、やはりケセン語だから、東北地方以外の読者にはわかりにくいところがある。全国の読者が抵抗なく読めるような翻訳をしてもらいたい。つまりケセン語をセケン（世間）語にしてもらいたい」というものでした。

五年掛けて、まったく新しいスタイルの翻訳を完成しました。それが『ガリラヤのイェシュー　日本語訳新約聖書四福音書』（イェシューとはイエスの本名イェホシュアーの、彼のふるさとガリラヤ方言での訛り）です。

イエスの活躍していた当時のユダヤ社会は厳しい階級社会で、王があり、家臣があり、富裕な商人や地主階級のもとには自作農、小作農があり、零落した日雇いの労務者がいて、奴隷がいました。国民はローマ帝国の属国として搾取と圧政に苦しんでいました。

こうした社会に似せようと幕末から明治維新のころの日本語を疑似的に用いました。地の文の「公用語」は江戸武家階級の言葉とし、登場人物の出身地や階級に合わせて日本中の方言を駆使しました。ケセン語をはじめ仙台弁、盛岡弁、武家言葉、大名言葉、京都弁、大阪弁、鶴岡弁、津軽弁、名古屋弁、山口弁、鹿児島弁、長崎弁、関東やくざ言葉と多彩な言葉が入りまじります。わかりにくいと思われる箇所は（　）内に説明を加えます。

全国各地の方言を研究し、古代ギリシャ語からそれぞれの方言に翻訳して行くという仕事でした。国語学会の方言学の専門家の先生がたにも相談して、それぞれの翻訳に誤りがないかどうか徹底的に点検していただきました。この作業に五年あまりを費やしました。

三　大津波を越えて

平成二十三年三月十一日、地の底からとどろく地鳴りと共に猛烈な地震がふるさとを襲いました。逃げまどう人々の後ろから、巨大な波が押し寄せて、ありとあらゆるものを破壊し、押し流しました。死者行方不明者は合わせて約二万人。そのうち気仙地方の陸前高田市と大船渡市での死者行方不明者は約二千二百人。海の近くの市街地はほぼ全滅。海岸から二キロ半も離れている我が家の周辺も水深二メートルの波に呑まれ、山浦医院は床上浸水、半壊。果てしなく続く瓦礫と真っ黒な泥土と冷たい雪に覆われた大地でした。猛烈な腐敗臭の中、家族の遺体を求めてさ迷う生き残った人々の群れ。そして勇猛果敢にこの災害に立ち向かう気仙衆の姿がありました。

わたしと常にコンビを組み、『ケセン語訳聖書』を世に出し、そしてそのとき『ガリラヤのイェシュー』の出版準備に忙しかった出版社イー・ピックスは大船渡の海岸近くにありました。全社員、間一髪、逃げて助かりましたが、会社は跡形もなく流失しました。わたしはあの地震の時に『ガリラヤのイェシュー』のゲラ校正をしていたところでした。書斎が二階にあったので原稿は助かりましたが、出版社のコンピューターもデータもすべてが失われました。社長の熊谷雅也氏の自宅は高台にあって無事でした。庭にプレハブ小屋を置き、生き残った社員を避難所や仮設住宅から呼び集め、無理算段して印刷用のコンピューターを買い求め、また会社を立ち上げました。わたしの手元の原稿を頼りに、ゼロからの再開です。一切を失ったイー・ピックスにはまことに過酷な状況でしたが、奇跡のような救いが待っていました。

イー・ピックス出版の倉庫は鉄筋コンクリートの建物でしたので、外壁は津波に耐えました。もちろん内部はメチャメチャで大量の泥が詰まっていました。津波後二週間して道路の瓦礫が取り除かれ、なんとか倉庫にたどり着いたとき、泥の中から厳重に梱包された段ボール箱が三百個、出て来ました。『ケセン語訳聖書』が生き残っていたのです。これは合計一万四千部刷りました。全国に順調に売れていましたが、在庫が三千部ありました。それがそっくり出て来たのです。箱を開けてみると多少の汚れや破損はあるものの殆どが大丈夫です。「津波の洗礼を受けた聖書」とか「お水くぐりの聖書」という題で新聞テレビが全国に報道しました。これが大きな感動を呼び、どんなに汚れていてもいいから売ってくれという注文が、国中から、ついには外国からまでも殺到しました。海水に汚れたり、表紙が反っていたり、泥のこびりついた跡のある聖書でしたのに、それでもかまわないという方々の熱い気持ちに支えられ、その後三か月あまりですべて売り尽くしました。人々の情けがこんなに有り難かったことはありませんでした。文字通り無一物になったイー・ピックスはこれで逞しくよみがえったのです。

そして半年、その年の十月末に『ガリラヤのイェシュー　日本語訳新約聖書四福音書』が出版されました。初刷五千部はその年の暮れには完全に売り切れ、年末年始は増刷作業に追われました。多くの読者から御好意あふれる感想をいただきました。学校の宗教教育の副読本に採用してくださったカトリックの学校も出てきました。平成二十四年、「キリスト教本屋大賞」が与えられました。ほんとうに嬉しいことでした。

この六年ほどわたしの住んでいる町の駅前の公民館の一部屋を借りて、毎月一度「ケセン語訳聖書を楽しむ会」という会を開いていました。会長は町内の洋服屋の旦那さん、役員はやはり町内のおばさんたち。会員は三十人ほど。中には車で片道二時間もかかる遠い宮古から夏でも冬でも毎回通って来てくださる熱心な御夫婦もいらっしゃいます。夕方の七時から九時まで『ケセン語訳聖書』や『ガリラヤのイェシュー』を翻訳するにあたってわたしが突き当たったさまざまの問題についてどのように考え、どのように解決したかを話す会でした。とても楽しい会で、地味ですけれども長く続きました。

残念ですがこの度の大津波のために、交通網は失われ、電気も通信網も断たれ、それぞれが生き延びるのに精いっぱいでしたし、また会場にしていた公民館も家を失った被災者たちの避難所になりましたので、この会は目下中断されたままです。

あの会で話し合われたことは、聖書を読むにあたってわれわれが必ず突き当たるさまざまのよくわからない問題点についてです。ですからこの会の話題をメモした内容を本にしておくのはきっと役に立つはずだと考えました。それがこの本です。

整然とした体系のもとにまとめたものではありません。そのときどきに悩んで考えていたことを書き連ねたものです。いろいろな話題が出て来ますから、どこから読んでもよいというスタイルの本です。

皆さんがこの本を読みながら、そうか、聖書のあの箇所はそういうことだったのか、などと合点がいく喜びを味わっていただけたら幸いです。いやいや、わたしはこう思うよというアイデアが湧いたら、それはそれでとてもすてきなことではないでしょうか。聖書は楽しい本です。思いきって聖書を楽しみましょう。そこにはわたしたちの人生を喜ばしく幸せなものに作り上げて行く知恵がいっぱい詰まっています。

四　神さまのお取り仕切り

さて、では始めましょう。みなさん、「紙上駅前公民館」へようこそ！

まず最初は「天国」の話をしたいと思います。キリスト教というのは何といってもまずは天国に行くことを人生の最終目標に掲げている宗教ですから、これについてしっかりと理解しておくことが大切でしょう。

皆さんは「天国」という言葉からどんなことを想像しますか。雲の上にあって、死んだ善人の魂がネグリジェみたいな着物を着て、肩に小さな羽根をつけ。頭の上に光の輪をのせた姿で楽しげに遊んでいる国……そんな漫画みたいな光景を思い浮かべる人も多いことでしょう。

お寺のお葬式に行くと、小さいお孫さんがおじいさんの遺骨の前で「天国のおじいちゃん」などと弔辞を読むのも定番になっています。お寺ですから「極楽浄土」とでも言うべきではないのかなと思うのですが、誰も気にしていないみたいです。

聖書で「天国」あるいは「天の国」とあるのはギリシャ語原典のバシレイア・トーン・ウーラノーンの訳です。ユダヤ人は「神」という言葉を無遠慮に使うことをとても恐れ多いことだと思っていましたので、「天」を神さまの代名詞にしました。ですからこれは「神の国」バシレイア・トゥー・テウーというのと同じことです。

でもこの訳は誤解を生みます。

バシレイアの訳語である日本語の「国」という言葉には、一定の位置と面積を持つ国土の概念がつきまといます。国土のない国など、あるわけがありません。ですから「天の国」といえば、天空はるかな雲の上かどこかという空想をするのです。でも、今は飛行機で成層圏を旅行する時代です。そんな場所が現実にあるとはだれも思いません。それでたぶんこれは、誰も見たことのない死後の異次元世界のことだろうと想像します。でも、それはイエスの真意とは違うらしいのです。

ルカ十七章二十〜二十一節に

「**神の国**は、見える形では来ない。『ここにある』『あそこにある』と言えるものでもない。実に、神の国はあなた方の間にあるのだ（新共同訳）」

というイエスの言葉が載っています。ここからはいわゆる「天国」という理解は出てきません。場所とは無関係で、「あなたがたの間」つまり人と人との交わりの中にあるという。それならこれは実体のあるものではありません。関係であり、状態であります。それならば、これを「国」と訳すのはおかしいではありませんか。国土と不可分の「国」は実体であって状態ではないからです。

『増補改訂新約ギリシャ語辞典』ではこうあります。

バシレイア＝①王たる事、王位（王権）、支配、統治。
②王国。

また、バシレイア・トーン・ウーラノーンは「神（天）の支配（統治）」あるいは「神（天）の王国」であり、「支配と王国との厳密な区別は困難だが、前者が主要な観念」だとしています。実さらに調べてみますと、バシレイアは動詞バシレウオー（統治する、支配する）の名詞形です。実体としての国土を伴わない以上、やはりこれは「神の統治」と理解するほうが、イエスの言葉を正しく表わすはずだと思われます。

でも、支配とか統治などという難しい漢語は使いたくありません。これはやさしく言えば

「取り仕切る」ことですから、「神さまのお取り仕切り」と訳すことにしました。

聖書によれば、人間の不幸は人が人を支配することから来るといいます。人はだれも自分は正しいと言い張りたい。自分の都合に合わせて人を取り仕切りたい。金持ちは貧乏人を搾り取り、主人は奴隷をこき使う。力ある者は弱い者をしいたげて、その上にあぐらをかき、しいたげられた者の声に耳を貸そうともしない。人と人との交わりはそこで決定的に破壊され、怒りと絶望と不安とが人々を縛り上げます。しいたげる者は、いつ立場が逆転するかと怯え、反逆の芽を摘み取ろうと血眼になり、しいたげられる者は復権と復讐の機会を狙う。人の世は常に支配する者と支配される者との戦いであります。

でも、そんなことはもうおしまいにしようと、イエスは言います。神さまが人間をお創りになったのは、そんな悲しい状態に人間を置くためではない。さあ、スッパリと気持ちを切り替えよう。これからは神さまが直接お前たちを幸せに導いてくださるのだ。神さまのお取り仕切りに身をゆだねよう。人間の救いはそこにある！

これは、別に死後の世界のことではありません。今生きている「お前さんたち互いの間」のことであります。人と人との交わりの中に神さまのお取り仕切りを実現させようと叫んでいるのであります。

五　心を切り替える

イエスはその活動の最初に、彼の教えの基本的な言葉を述べています。

時は満ち、神の国は近づいた。悔い改めて福音を信じなさい。（マルコ一・一五／新共同訳）

さて、この言葉の意味を詳しく考えてみましょう。

「時は満ち」というのは「一定の期限に達した」という意味の雅語です。普通の言葉ではありません。「待ちに待った時が来た」としましょう。この動詞プレーロオー（満ちる）はここでは現在完了の形になっていますから、もうすでに来てしまっている状態だということになります。「近づいた」も動詞エンギゾー（近づく）の現在完了です。

「来る」とか「近づく」と言いますと、何かが自分に向かって接近することを意味しますが、その接近には二つの場合があって、一つは空間的な接近、もう一つは時間的な接近です。主語バシレイア・トゥー・テウーを「神の国」と理解しますと、空間的接近というのはいかにも変ですね。われわれの方が動いているわけではないので、その「国」が空間的に近づいてくるということは普通考えられません。空間的に、場所的に移動する国といったら「ひょっこりひょうたん島」ぐらいでしょう。それでこの場合の接近は時間的接近以外には考えられなくなります。つまり、「神の国」が明日か、明後日か、一年後か、三年後かはわからないけれども、やがてもうすぐ、そう遠くない未来にこの世に成るという意味に理解せざるを得ません。でもここで用いられている動詞エンギケンは動詞エンギゾーの現在完了形です。すなわち、その国は既に到来している、この世に成っているという意味です。でも、世界中を見まわしてもそんな地上天国はどこにもありません。

これは「神のバシレイア」を「国」と訳したための矛盾です。「神さまのお取り仕切り」と訳すならばこのような矛盾は解消されます。これは状態であって、その気にさえなればいつでも実現できるからです。ですからエンギケンを時間的接近ととらえる必要はありません。「神さまのお取り仕切りは今、現にお前さんたちの間にある」というイエスの言葉は、むしろ空間的な状態をいっていると理解されます。つまり、イエスは相手と自分の体のわきをポンポン叩いて、

「ほら、もうすでにここにピッタリとくっついてるよ！」

と言っているのです。

「悔い改める」はメタノエオーの訳です。日本語の「悔いる」という言葉からは過去の罪や失敗にとらわれ、自己嫌悪の情にさいなまれている憂鬱な気分がうかがわれます。精神病学ではこれを「自罰的態度」といい、決して健康な状態ではありません。

罪とは人間としての進むべき正しい方向からそれることをいいます。後悔は方向転換の動機としての意味は持ちますが、それ以上のものではありません。いったん舵《かじ》を切り替えたら、スッパリ気持ちを切り替えて、全力を尽くして神さまの計画のために働くことこそ大切です。いつまでもウジウジと過去の失敗に捕らわれていたら、無力感に自縄自縛となり、結局は一歩も前進できなくなります。こういうのを「とらわれの状態」といいます。そこには救いがありません。イエスの教えの眼目はそのような惨めな状態から人間を喜びと希望の中へ解放することにあります。罪からの解放とはこのことをいうのであります。

メタノエオーのメタは「変更・転換」のこと、ノエオーは「考える」こと。つまりメタノエオーとは「考えを切り替える」ことです。イエスの言葉の明るく肯定的で健康なこの心を大切にしたいものです。

最後の「福音を信じる」も何のことかよくわからない言葉です。「福音＝エウアンゲリオン」のエウは「たのしい、すてきな」、アンゲリオンは「言伝《ことづて》、便り」のことです。つまり「神さまからのすてきな便り」のことです。イエスの言葉は、人がどうやったら本当に幸せに、元気に、活き活きと生きることができるかを教える「神さまからの《よきたより》」だというのです。ですから、「何も心配することはない、この生き方に信頼して身も心もゆだねよ」と言っているのです。

待ちに待ったる時が来ている！　神さまのお取り仕切りは、今まさにここにあり。心を切り替え、これからはこの《よきたより》にその身も心も委《ゆだ》ね続けろ！

（マルコ一・一五／ガリラヤのイェシュー）

六　お水潜《くぐ》り

キリスト教に入信するときの大切な儀式に「洗礼」があります。キリスト教徒なら知っていますが、一般の方は御覧になったこともないでしょうし、どういうことなのかよくは御存知ないと思います。

『新共同訳』ですと、たとえばマタイ三章六節に「洗礼《（バプテスマ）》」とあります。（パプテスマ）という奇妙なカッコつきのカタカナ・ルビが振ってあります。これはギリシャ語のパプティスマのことなのですが、キリスト教のプロテスタントのグループの中には洗礼という訳語を好まず、あえてギリシャ語でそのまま呼ぶことを伝統とする人々があり、その人々への配慮でこのようなルビをつけているということです。

イエスがその活動を始める少し前に、洗礼者ヨハネという人物がヨルダン川の岸に現われて、人々に洗礼を授ける運動をはじめました。心の闇に縛られている不幸な状態からスッパリと心を切り替えて、新しい人間になろうという運動でした。そのやり方はこうです。

まずヨハネは洗礼志願者を川の深みに導きます。そこでその人は身をかがめ、ズブリと全身を水に沈めます。当然、息ができない。普通の人は二分と我慢できません。一分でも相当に苦しい。水の中にもぐりながら、その人は考えます。今、自分はこれまでの生き方と別れるのだ。う〜っ、苦しい。鼻や口からブクブクと空気が漏れる。よし、これで自分はこれまでの生き方と死に別れるのだ。ザバッと彼は水面に顔を出します。苦しげに顔をブルブルッと振って大きな口を開け、ブァーッと息を吸いこむ。新鮮な空気が窒息寸前だった肺の中に奔流のように吸いこまれる。酸素が全身に流れこむ。ああ、俺は今新たな命に生き返ったのだ！　新たな自分になるのだ！

後世、こんな荒っぽいことは敬遠され、簡略化されました。額に水を注ぎ、それで洗礼だとしました。キリスト教のいくつかの派では今でも全身を水槽の中に沈める儀式を行ないます。こっちは浸礼と訳されています。どちらもバプティスマのことです。

日本でこれに似た宗教儀礼は「みそぎ」でしょうか。海や川の清らかな水に身を浸し、身についた罪や穢《けが》れを洗い清めます。似てはいますが、禊《みそぎ》は穢れを祓《はら》う行為で、バプティスマはこれまでの自分の生き方に別れて新たな生き方に入ることですから、かなり意味が違います。

結局、バプティスマに相当する言葉は日本語にもケセン語にもありません。それで、それにふさわしい言葉を造らなければなりません。それも耳で聞いてスルリとわかる言葉でなければなりません。

お水潜《くぐ》り。

これがいいとわたしは考えました。水をくぐるのです。沈むのでもなく、もぐるのでもなく、くぐるのです。「沈む」は水の中に入って水面から見えなくなってしまうことだし、「もぐる」は自分の体を頭ごと水中に沈めることです。「潜《くぐ》る」は身をかがめて物の下や狭いところを通り抜けることで、この場合は水面下を通り抜けることです。

「潜《くぐ》る」の持つ「通り抜ける」という意味が、バプティスマの心を表わすのにはふさわしいでしょう。水の中に沈んで、水の中にもぐって、今までの生き方に別れて、新たな生き方へとくぐり抜ける。ここにバプティスマの意味があります。これに神聖な物事を表わす「お」という接頭素をつけ、「お水潜《くぐ》り」としましょう。

「洗礼者ヨハネ」の「洗礼者」はギリシャ語ではバプティステースですが、これは「お水潜《くぐ》らせのヨハネ」としました。

> わたしよりも優れた方が、後から来られる。わたしは、かがんでその方の履物のひもを解く値打ちもない。わたしは水であなたたちに洗礼《バプティスマ》を授けたが、その方は聖霊で洗礼《バプティスマ》をお授けになる。
>
> （マルコ一・七～八／新共同訳）

「聖霊で洗礼《バプティスマ》を授ける」とは何のことでしょう。

ギリシャ語を逐語訳すると「彼は聖なるプネウマの中にお前たちをバプティゾーする」となります。動詞バプティゾーは「洗礼を授ける」という意味です。「聖なる」とは神さまの美しく清らかで尊いありさまを表現する語ですから、結局「聖なるプネウマ」というのは「神さまの尊い息」のことです。

ヨハネの「お水潜《くぐ》り」は、それまでの自分の生き方に別れて、新たな生き方にくぐり抜けることでした。それはあくまでも人間的な次元でのことです。ところが、来たるべきお助けさま＝キリスト＝のなさる「お水潜《くぐ》り」は、くぐり抜けた先が神さまのプネウマの中である。水をくぐって、窒息状態の水中からブァーッと顔を出し、力いっぱいに吸いこむ新たな息、命のプネウマは神さまのプネウマ、神さまの息吹である。神さまの、力と慰めに満ちた、やさしく喜びにあふれた命である。この俺には到底そんなことはできないが、「あのお方」はそれをなさるのだ、とヨハネは叫ぶのであります。

わしよりもはるかに力あるお方が、わしの後から現われなさる。わしなどは、腰を屈《かが》めてその方の草鞋《わらじ》の紐《ひも》を解《ほど》きまつる値打ちもござらぬ。このわしはただ水を潜《くぐ》らせているだけなれど、そのお方の潜り抜けさせてくださるその先では神さまの尊《たっと》い息がそなたらを包《つつ》む。

（マルコ一・七〜八／ガリラヤのイェシュー）

七　神さまの熱い息吹

新約聖書には「聖霊」という言葉がしょっちゅう出て来ます。日本人にはまったくなじみのない言葉ですので、説明が必要でしょう。これはギリシャ語のプネウマ、ヘブライ語ではルーアッハという言葉の訳です。辞書にはこうあります。

プネウマ＝風、息、呼吸、生命力、心、霊、魂。

現代人の感覚からは「えっ、どうして？」と驚いてしまいます。たった一つの単語がこんなにも違った意味を合わせ持っているのです。これを称して、「一つの言葉でこれほど多様な意味を表現できるのだから、ギリシャ語はまことに豊かな言葉だ」とわたしに言った方がいますが、贔屓《ひいき》の引き倒し、それは違うでしょう。むしろ未分化だというべきです。

ここに示されたさまざまの意味は日本語ではそれぞれがまったく別の概念です。ですからこのように多様な言葉で表現し分けているのです。「風」と「生命力」が同じ単語で示される理由なんて、われわれにはちょっと想像ができません。「心は風ではない」という文は日本語では十分に成立しますが、これをギリシャ語にして「プネウマはプネウマではない」としたら理解不能です。

実は今から二千年前の古代人の頭ではこのいろいろな概念がすべてプネウマとしてただ一つのことだと理解されていました。「風はどうして吹くのだろう」と彼らは考えました。彼らの考えでは、風というのは神さまの息でした。神さまが御機嫌のよいときにはソヨソヨとやさしい風が吹き、神さまがお怒りになると猛烈な台風になるのです。だから風と息とは同じものでした。神さまが泥をこねて人の形を作り、その鼻の穴に息を吹きこみました。すると泥人形は息をし始め、生きるものとなりました。これが最初の人間アダムだと創世記にあります。だから風・息は命なのです。古代人にとって、吹く風は神さまの息でした。神さまの息には物を生かす力があり、その息が鼻から出入りするので動物は生きているのです。息をして生きているものは心を持ちます。心というのはものを考える力です。これもプネウマの働きですから、プネウマは心であり魂であり霊でもあるのです。

そういうふうに考えている人たちにとって「心は風ではない」という言葉は意味を持ちません。「プネウマはプネウマでない」と言われているに等しく、意味のある言葉にはならないのです。

（イエスが）水の中から上がるとすぐ、天が裂けて《霊》が鳩のように御自分に降って来るのを、御覧になった。

（マルコ一・一〇／新共同訳）

この《霊》はプネウマの訳です。

プネウマは風、息吹、霊……。どれも目には見えません。目に見えないものを「御覧になった＝見た」とは変ですね。「見る」と訳されている動詞ホラオーには「体験する」という意味もあります。ここではこの意味でしょう。また「鳩のように」とあるのは、動詞カタバイノー（降《くだ》る）を形容する副詞句で、やさしく、あたたかく、よいものの形容に用いられます。それで次のように訳してみました。

イェシューさまが水から上がったそのとき、天が割れて、そこから神さまの息がソヨソヨと、まるで鳩の舞うがごとくにやさしく、おのが頭《こうべ》の上へ吹き下ろしてくるのを感じなさった。

（ガリラヤのイェシュー）

いかがでしょう。プネウマを「神さまの息」と訳してみると、言葉の命がとてもよく感じられるではありませんか。やさしい神さまがわたしに語りかけてくださる。顔を寄せて語りかけてくださる。その香ばしい息がわたしの頬にかかる。体中を包みこむ。神さまの熱い思いを運ぶその息を胸いっぱいに吸いこむと、神さまの心がわたしの中に入りこみ、神さまの命がわたしの命とひとつになる。神さまの「胸の思い」を運ぶプネウマ、「神さまの息」という言葉の持つ活き活きとした原初的な感動は、三歳の童子でも全身で受け止めることのできるものです。

従来は「神さまの息＝聖なるプネウマ」は特に「聖霊」と訳されてきました。でもこんな難しい漢語では何のことやらよくわかりません。「精霊、政令、精励……」と同音異義語が多すぎますし、日常生活には登場しない特殊用語です。「霊」というなんだかお化けみたいな語感の漢字も気に入りません。

神さまの熱き思いを運ぶやさしくかぐわしい息吹！　それを胸いっぱいに吸いこむと、生きていることのうれしさが総身に満ちあふれ、活き活きと元気いっぱいになる神さまの息。あるときはソヨソヨと、あるときにはゴーゴーと、わたしたちの胸の中に吹き寄せる風。神さまの思いを乗せて吹き寄せる風。あらがいがたい憧れと、美しい夢と、高い理想を運んでくる神さまの息吹。……これが神さまの胸から吹き寄せてくるプネウマなのです。

そしてあのとき、イエスが感じたのも、そうした熱い熱い神さまのプネウマでした。

八―ヒンノム谷

先に「天国」の話をしましたから、「地獄」の話もしましょう。

地獄と聞いてまず思い出すのは仏教の地獄でしょう。生き物は死ぬと別の生に輪廻転生《りんねてんしょう》する。生きていたときの行ないの善し悪しに応じて（因果応報）、六つの世界（六道）に生まれ変わる。それが地獄、餓鬼、修羅、畜生、人間、天上です。最悪の世界が地獄で、大地の奥深くにある世界だといいます。

地獄には等活《とうかつ》地獄、黒縄《こくじょう》地獄、衆合《しゅうごう》地獄、叫喚《きょうかん》地獄、大叫喚地獄、焦熱地獄、大焦熱地獄、阿鼻《あび》地獄という八大地獄があり、その人の罪業に応じて行く先が決まります。その残酷な刑罰のありさまは空想力の限りを尽くして描写され、おどろおどろしい地獄図絵としてわれわれの脳裏に焼きついています。

キリスト教の地獄もすさまじい。ダンテの『神曲』は、彼が空想した死後の世界の物語です。天国篇のほうはたいしておもしろくありませんが、地獄篇の話はものすごく、悪魔の大王サタンの支配する業苦《ごうく》の世界で、罪人は硫黄の火に焼かれてもだえ苦しみ、終わることのない残酷な刑罰が、これでもか、これでもかと描かれています。

新約聖書に出てくる死者の世界には、まずギリシャ語でハデスと呼ばれるものがあります。これははるか地下深くにあるという闇の世界で、『新共同訳』では「黄泉《よみ》」と訳されています。黄泉というのは日本の古代神話に出てくる死者の世界で、イザナギの尊《みこと》が、死んだイザナミの尊を追って行った国です。暗く穢《けが》れた場所ですが、別に懲罰的な場所ではありません。ヘブライ語ではシェオールといいます。これも、もともと懲罰的な観念を伴わず、深い闇に覆われた死の淵の彼方にある国とされていました。ゾロアスター教の影響で次第に刑罰の場所としての観念がつけ加えられたといいます。

もうひとつはゲヘンナ。これは「地獄」と訳されています。こちらははっきりと懲罰的な場所で、悪者が投げ捨てられ、消えない火で焼かれるといいます。イエスはよくこのゲヘンナを持ちだして、よこしまな人間に対しては「そんなやつはゲヘンナの火に投げこまれるぞ」と脅かしています。

しかし、本当にこれがいわゆる「地獄」なのか、原典をよく読んでみましょう。

ゲヘンナというのはヘブライ語のゲー・ヒンノムのギリシャ語風の発音です。意味は「ヒンノム谷」。これはエルサレムの南城壁の外にある谷間の名です。かつてイスラエル人たちが彼らの神さまを棄てて、この地方の原住民（カナン人）の信じていたバールとかモロクとかタンムズという神々を信仰した時代がありました。この神々はまことに恐ろしいもので、人間の子供を生きながら焼き殺して捧げるいけにえを要求したそうです。人々がヒンノム谷にしつらえたバール神の祭壇の前に集まり、激しい歌と踊りに集団的宗教ヒステリーの狂乱状態になり、破廉恥の限りを尽くし、泣き叫ぶ我が子を火に投げこむ。こうした熱狂的な信仰は古代にはよく見られたもので、我が国でも人身御供《ひとみごくう》という風習がありましたね。南米のインカやマヤ文明でも、生きている人間の心臓を取りだして太陽神に捧げるという強烈な信仰がありました。

その時代、イスラエルのまわりにはエジプト、アッシリア、バビロニアなどの強大な帝国が覇を競い、弱小民族イスラエル人はそのはざまで生死存亡の恐怖の中、かろうじて生きていました。その極度のストレスが、こうした狂乱の宗教にのめりこませたのです。

こうした狂信の時代に多くの預言者《みこともち》が立ちあがり、愚かしく虚しい信仰から人々の心を彼らの神さまのもとに命がけで引き戻しました。

目が覚めてみれば、我が子を捧げて仰ぎ見た聖なるヒンノム谷はおぞましい罪の穢れに満ちた地でした。そこで繰り広げたおのれのあさましい姿を思い出せば、イスラエルの民はいかに惨憺《さんたん》たる慚愧《ざんき》の念に駆られ、自己嫌悪の闇に胸を掻きむしったことでしょうか。我が手で焼き殺した子らの悲鳴のいかにしても消せない記憶にもだえて、生きながらの地獄を味わったに違いありません。

かくてヒンノム谷は最も神聖な場所に隣接する最も穢らわしい場所となり、エルサレムの街から排泄される汚物の捨て場になりました。あらゆる汚物が「糞《くそ》の門」とよばれる門を通ってここに棄てられ、焼却されました。病死した家畜や罪人の死体もここに捨てられ、焼かれました。天刑病と呼ばれた気の毒なハンセン病を含む難病の患者はここに追いやられました。こうしてヒンノム谷には腐敗した汚物にたかる蛆《うじ》が尽きることなく、年中消えることのないおぞましい火が燃え、悪臭に満ちた煙が漂っていたのでした。

「そんなやつはヒンノム谷の焼き場に投げこむぞ！」

イエスのこの言葉は、まさにこうしたことなのです。これを、あるのかないのかわからない空想の産物「地獄」と訳したら、この言葉の持つ極めて具体的な、すさまじい迫力はたちまちピンボケになってしまいます。古代の迷信や、怪奇な空想によってこねあげられた「地獄」などという訳をあてるよりは、「ヒンノム谷」という言葉の持つこの現実を突きつけたほうがはるかにぞっとするのではないでしょうか。

くわばら、くわばら。

蛇よ、蝮《まむし》の子らよ、どうしてあなたたちは地獄の罰を免れることができようか。

（マタイ二三・三三／新共同訳）

九　大事にしよう

キリスト教は愛の宗教だといわれます。福音書でも「愛」は大活躍します。われわれも教会で愛については……まあ、こんなことを言うのも罰当たりな気がしますが……「あなたの敵を愛しなさい」とか「主なる神を愛しなさい」など耳にタコがよるほど聞かされます。

でも、「愛する」と言われて心に浮かぶのは何でしょうか。まず、男女の恋愛！　だけど「あなたを愛しています」なんてせりふを口にするのはまことに小っ恥ずかしく、気障《きざ》の極み！「女房にだって俺は一度も言ったことがない」という旦那さんのほうが、少なくともわたしのまわりでは圧倒的に多い。

「織田信長は森蘭丸を愛した」という言い方があります。「主君は臣下を愛する」とは自然な言い方です。でも、「森蘭丸が主君の織田信長を愛した」とは絶対に言いません。臣下は主君を「お慕いする」のであって、「臣下が主君を愛する」という言い方はありえないのです。「愛」とは上位の者が下位の者を好感をもってかわいがることで、明確な上下関係があります。かつての大日本帝国の忠良なる臣民だって「天皇陛下を愛し奉ります」などというせりふは思いもよらないことでした。

聖書の日本語はこの点でまことに奇妙です。「神さまがわれわれ人間を愛してくださる」というのはいい。でもわれわれ人間が「神さまを愛する」とは、無礼千万ではありませんか。神さまは「お慕いする」べきお方であって、われわれが「愛する」対象ではありえません。ペットではないのですから。

『日本国語大辞典・第二版』（小学館）は五十万項目語を網羅する世界最大の日本語の辞典です。これに「愛する」についての次のような解説があります。

【語誌】①平安初期には漢文訓読の際に用いられていたが、和文系資料では平安末期（院政期）以降に見られるようになる。②対象となるのは人・動植物・物事などさまざまであるが、対象への自己本位的な感情や行為を表すことが多く、精神作用にとどまらない点が「おもふ」と大きく異なる。また、人に対して使う場合は目上から目下へ、強者から弱者へという傾向が著しかった。③明治中期、英語 love、ドイツ語 lieben などの翻訳語として採用され、西洋の「愛」と結びついた結果、人に対しては、対等の関係での愛情を示すようになる。また、物事に対しても、より精神性に傾いた意味で用いられる。その点で感覚的である「このむ」とは異なっている。④現代の用法は明治中期以降の流れに沿うものであり、口頭語としての使用も増えているが、文章語の性格を脱したとはいえない。語感に個人差・年齢差が大きいと思われる。

聖書の「愛」は明治中期以後の翻訳語でした。しかも、その翻訳は見当違いで、元来が目上から目下へ向かう言葉であったものを逆転させて神さまに対してまで用いたのです。

聖書は「あなたの敵を愛しなさい」と言いますが、「愛する」とは「好きになる」こと、「好き」という感情が必要です。一方「敵」とは憎いもの、殺してやりたいほどの憎悪の対象です。これを「愛せ、大好きになれ」とは矛盾した要求です。できるわけがない。

ある感情がわきあがることを人は自分の意志で制御できません。憎もうと思って憎くなるわけではなく、好きになろうと思って好きになれるわけでもなく、これは不可抗力の自然現象です。「一目惚れ」に意志も理屈も関係ありません。もちろん、その感情を行動に移すかどうかはまた別の問題です。意志には感情を制御する力があります。

「敵を愛せ」と言われても、それは無理ですから、自分は罪深い人間だと自己嫌悪に陥ったり、逆に聖書が嫌いになったりします。悲劇です。これは訳が悪いのです。

ギリシャ語の動詞アガパオーを「愛する」と訳し、その名詞形アガペーを「愛」と訳したのがそもそもの間違いでした。一五九二年発行のキリシタン文書『どちりな・きりしたん』では「愛」という言葉を用いず、「お大切」と訳しました。名訳ですね。「大切にする」は「愛する」に似ていますが、違います。好き嫌いの感情とも上下関係とも無縁です。臣下が主君を大切にする、主君が臣下を大切にする、いずれも当然です。神さまを「愛する」は失礼な言い方ですが、神さまを「大切にする」ことは至極もっともです。神さまもわたしたちを「大切にして」くださっています。

「大切にする」はわりと固い言い方ですので、わたしは「大事にする」としました。これは意志的な「行為」で、もともと「感情」とは無関係です。重要なのはこの点です。「あなたの敵を愛しなさい」とは、「憎い敵であっても大事にしろ」という意味です。日本人なら誰でも、「ああ、敵に塩を送った上杉謙信の精神だな！」とピンとくることでしょう。これならば納得できるではありませんか。日本人はこの偉大な行ないを見て上杉謙信をこの上なく誇りに思っています。この行為には自己本位の感情など微塵《みじん》もありません。ただひたすら相手を大切にしているのです。

嫌いなやつを無理に好きになろうったって、それは土台無理。そんなことはどうでもいいのです。感情そのものに価値はありません。憎いやつでも大事に扱う。われわれはそういう人を「ああ、できた人だ！」と尊敬します。そういう「できた人」にお前たちもなれと、イエスは言っているのであります。

十　太っ腹のすすめ

だから、あなたがたの天の父が完全であられるように、あなたがたも完全なものとなりなさい。

（マタイ五・四八／新共同訳）

「敵を愛せ」のすぐ次にこの言葉が続いているのですが、敵など愛せないとがっかりしているまじめな青年は、この言葉でとどめの一撃をくらいます。天の父、神さまが「完全」な方でいらっしゃることはわかります。神さまですもの、それはそうでしょう。でも、お前たちも神さまのように完全なものになれとは、これは途方もない要求です。だれが神さまのように完全になれましょうか。

原典をよく読んでみましょう。「完全」と訳されているのはギリシャ語の形容詞テレイオスです。これは動詞テレイオー（終える、完成する、完了する）から派生した語で「完成した、十分に成長した、できあがった」という意味だそうです。とすると「お前たちも完全な者になれ」という「完全」とは意味合いが少々違うように思われました。

マタイ五章のこの文の少し前から読んでみましょう。

父は悪人にも善人にも太陽を昇らせ、正しい者にも正しくない者にも雨を降らせてくださる。

（マタイ五・四五／新共同訳）


とあって、このように父はテレイオスなのだから、そのようにお前たちもテレイオスであれと書いてあります。でも、こういう文脈だったら、ここに「完全」という言葉を置くのはふさわしいでしょうか。むしろ「できたお方」と言うべきでしょう。

「悪人にも善人にも太陽を昇らせ、正しい者にも正しくない者にも雨を降らせてくださる」ような、人を分け隔てせずに、どんな人も大切に扱ってくださる方をわれわれは「できたお方」だと言います。

「お前さんたちの天のお父さまができたお方でいらっしゃるように、お前さんたちもまたできた者になれ」とイエスは言っているのです。

こう考えついたときの解放感はすがすがしいものでした。「神さまのように完全な者になれ」と言われては、とても「はい」とは言いかねますが、「できた者になれ」というのなら、努力次第で十分に達成できます。

前島誠著『ナザレ派のイエス』によると、テレイオスはもともとヘブライ語のシャレムの訳で、「人間がまだ鑿《のみ》を当てない状態」のことをいうのだそうです。

イスラエル人は羊を殺して、祭壇の上で焼いて、神さまにお捧げするということをしました。焼肉のおいしい匂いが天までとどいて、神さまをお喜ばせすると、昔の人は考えたのかも知れません。その祭壇は山から掘りだしてきたばかりで、まったく人工の施されていない石を積み上げて造ったそうです。人間の手で鑿《のみ》を当てて加工した石は、穢《けが》れているとみなされたからだそうです。

この世のすべては神さまがお造りになったもので、創世記にあるように、神さまはこれらのものを御覧になって「よし」とされました。神さまがお造りになって「よし」とされたものに悪いものなどあるはずがありません。神さまに造られたそのままの姿というのが、あらゆる被造物にとって最も「よい」姿である……これがユダヤ人の考え方でした。

このことは人間についても当てはまります。「お前さんたちもテレイオスであれ」ということは、「お前さんたちも、神さまに造っていただいたその本然の姿に戻れ」という意味を含んでいます。「できた人」になるということと「自分の本然の姿に戻る」ということとは同じことであるというのです。これは深いですね。

人は多かれ少なかれ偽りの仮面をかぶっているものです。自分の愚かさや醜さや弱さを隠して、人目には賢そうに、美しそうに、強そうにみせようと、さまざまの仮面をかぶります。

やがてその仮面が彼自身を欺《あざむ》くようになります。自分で作り上げた仮面をあたかも自分自身であるかのように思いこむのです。その欺瞞《ぎまん》の上にあぐらをかいて他人を批判し、裁き、支配しようとする。イエスが嫌うのはこのような人間の偽善です。

「できた人」というのは、自分の本当の姿をよく知っている人です。自分の愚かさ、醜さ、弱さにまっすぐに目を向け、それをそのまますなおに受け入れる勇気のある人です。そのとき、その愚かさ、醜さ、弱さは、実はその人にとって、神さまからのすばらしい贈り物であったことに気づくでありましょう。そのような人が真に「できた人」なのであり、「太っ腹なおとな」なのであり、そのような人だからこそ、他人の弱さも悲しさも愚かさもそっくりそのまま受け入れることができるのであります。

そこでこの箇所を『ガリラヤのイェシュー』では次のように訳しました。

そういうわけだから、お前さんたちの父《とと》さまがまことにできたお方でいなさるように、お前さんたちもまたできた者になり、あるがままのおのれが姿を受け入れろ。

（マタイ五・四八／ガリラヤのイェシュー）

十二──心細い人

　イエスの有名な説教集でマタイ福音書に「山上の垂訓」と呼ばれるものがあります。そこに「真福八端《しんぷくはッたん》」と呼びならわされた、まことの幸せについての八つの言葉があります。その最初の言葉を取り上げてみましょう。

心の貧しい人々は幸いである、天の国はその人たちのものである。（マタイ五・三／新共同訳）

　さて、これを聞かされたたいていの人は、キツネにつままれたような顔をして穴の開くほどわたしの顔を見つめ、「は〜？」と言ったきり絶句します。礼儀正しい人は「どうも聖書はむずかしくて、わたしみたいな者にはよくわかりませんな」と言葉を濁します。

　日本語で「心が貧しい人」というのは「高貴な精神が欠如していて、空想力が乏しいために、他人の痛みなど全く理解せず、しようともせず、自己中心的なさもしいやつ」のことです。「あいつは成り金で、いかにも金はたくさん持っているが、心の貧しいやつだ」と言って軽蔑します。その反対は「心の豊かな人」で、「あの方は貧乏だけれども実に心の豊かな人だね。

襤褸《ぼろ》は着てても心の錦とはああいう方のことをいうのだよ」と言ってほめます。そんな「心の貧しい人」がどうして「天の国＝神さまのお取り仕切り」に優先的に招かれるのでしょう。おかしな話です。

この「心の貧しい人」はギリシャ語原典では「プネウマに関してプトーホイな人々」です。プトーホイはプトーホスの複数形。動詞プトーッソー（ちぢこまる）から派生したものです。つまり「ちぢこまっている人、よわよわしい人」、具体的には貧乏人、乞食、病人、憐れむべき境涯の者のことです。プネウマ（風・息吹・呼吸・生命・心・霊魂）に「心」の意味がある以上、「心の貧しい人」という訳は文法的には間違いではありません。でも、日本語の慣用句「心が貧しい」には前記のような特別の意味があり、ギリシャ語本来の意味から著しく離れてしまうのです。

さて、プネウマにおいてよわよわしい人とはどういう人のことでしょう。言葉の最も具体的な意味において、これは「鼻息の弱い人」のことだと考えます。「鼻息が荒い」とか「鼻息が強い」といえば、向こう気が強くて、力に満ち、野望にあふれ、たぶん懐にはお金もどっさりあって、権力と支配への階段をまっしぐらに駆け登ってゆくような、そういう勢いのいい人物のことをいいます。「鼻息が弱い」はその正反対です。金もない。力もない。地位もない。健康にも恵まれない。貧乏に打ちひしがれて、望みもなく、頼るものとてない。神頼み以外には残された道とてなく、吐くため息も弱々しい。そういう人のことをいっているのであります。だからわたしはこう訳します。

頼りなく、望みなく、心細い人は幸せだ。
神さまの懐《ふところ》にシッカリと抱《いだ》かれるのはその人たちだ。
（ガリラヤのイェシュー）

マタイがイエスの説教のまっさきにこの言葉を置いたのは、イエスがその全生涯をかけて述べ伝えようとしている神さまからの《よきたより》の中心的主題だからでしょう。

神さまとはどのようなお方なのか。イエスが語る神さまのお姿は、ユダヤ教の伝統に示されたきびしく猛々《たけだけ》しい「万軍の神」の姿とはだいぶ違います。

つまり……火の柱、雲の柱で民を守り、紅海をわけ、ファラオの全軍を海に葬る恐るべき神。異教徒の町を攻めては、女子供家畜の果てまで命ある全てのものを皆殺しにすることを命じる神。容赦のない圧倒的な超能力を背景に絶対服従を求める神。もちろん、ユダヤ教の神は常にこのような恐ろしい存在ではありません。慈悲と慈しみに満ちたやさしい神さまとしての面も大いにあるのですが、反面このような理解もされていたことは確かです。

そしてその神に仕えるため厳格な掟を遵守《じゅんしゅ》することが民族繁栄の要件だとイスラエル人は

考えていました。それが行きすぎて、人生は全て因果応報の結果で、幸せは神の掟にしたがった褒美、不幸は罪に対する罰だときめつける。貧乏人や病人は差別され、のけ者にされる。力ある者はますます富み栄え、弱い者は人権を無視され、奴隷とされ、残酷な鞭のもとに苦しむ。神さまはそんなお方じゃないよ、とイエスは叫ぶのです。

イエスの育ったガリラヤ地方はいわばそうした世界の縮図でした。数千年の歴史にわたって、この地域は常に流血の舞台で、東からはアッシリア、バビロニア、南からはエジプト、北からはギリシャ、西からはフェニキアやローマが、美々しい軍服と猛々しい軍鼓《ぐんこ》の響きときらめく武器を振り立てて襲いかかり、略奪《りゃくだつ》と殺戮《さつりく》をばらまきました。今もそうですが、足元では地元のパレスチナ人との抗争が際限もなく続いていました。

その希望のない社会で、アム・ハアレツ（地の民）とさげすまれて、地に這《は》いずりまわるようにして生きている貧しい人々の間で、イエスは叫ぶのです。

頼りなく、望みなく、心細い人は幸せだ。
神さまの懐《ふところ》にシッカリと抱《いだ》かれるのはその人たちだ。

十二　甲斐性なし

「まことの幸せ」は続きます。

悲しむ人々は、幸いである、その人たちは慰められる。
柔和な人々は、幸いである、その人たちは地を受け継ぐ。
（マタイ五・四〜五／新共同訳）

富裕な貴族階級はますます肥《ふと》り、ガリラヤにも壮麗な町々が建設されました。湖畔には大理石のリゾートが水面に影を写し、ローマ駐留軍の将校たちがさんざめいていました。ナザレの丘の北にはセフォリスの町が輝いていました。その住民は裕福な地主と商人たち。そして周辺には貧しい地の民（アム・ハアレツ）が虫けらのように喘《あえ》いでいました。飢えて死ぬよりは戦って死のうと、反乱が絶えることなく続きました。北のヘルモン山、ガリラヤ湖西岸のアルベール山は反乱者たちの砦、ゲリラの巣窟でした。イエスが生まれたのは紀元前六〜八年頃。ガリラヤのユダの大反乱が紀元六年ですから、イエスは十二〜十四歳だったはずです。血みどろの戦いの末に反乱は鎮圧され、街道には二千本の十字架が立ち並んで、反乱者の処刑が行なわれたといいます。十二歳といえばイエスが神殿にのぼって学者たちと議論を戦わせ、その天才ぶりを発揮した年でもあります。少年の目に焼きついたむごたらしい十字架の行列は、やがて彼自身の行く手を決定するものになります。

しいたげられた人々の群れが山野に満ちて、彼らの仲間イエスの声を聞く。

「悲しむ人」というのは、ペントゥーンテス、ただ悲しいというだけのことではありません。死者を悼んで嘆き悲しんでいる人のことです。ガリラヤのユダとともに残酷に処刑された父や夫や兄弟のために涙を流して泣き叫んでいる人々のことでもあります。

「慰める」はパラカレオーの訳。パラは「そばに」、カレオーは「招く」。神さまはこうして泣いている人を引っ張り寄せて、共に涙を流しながらシッカリと抱きしめてくださるという意味です。

「柔和な人」とはギリシャ語ではプラーユス（穏やかな）。ヘブライ語ではアナヴ。これには「貧乏人」という意味があるといいます。なぜ貧乏人が穏やかなのでしょう。われわれの文化では、金持ち喧嘩せず。「穏やか」といえば福々しい大黒さまのような大旦那さまを思い浮かべます。一方、貧乏人は腹がへって気が立っているから、喧嘩っ早い。

でも、ヘブライ語の「穏やか」はこれとは反対なのです。貧乏人は常に抑圧され続け、屈従が習い性となっていて、反抗の気力もない、いわば意気地なし。意気地のあるやつは猛烈な反抗をするが、結局は圧倒的な軍事力の前に制圧され、ぶち殺されてしまう。生き残っているのは、ひたすら地に這《は》いつくばって服従を誓う、情けない奴隷根性の貧乏人です。ここにいうアナヴ（柔和な人）とはそういう人々のことなのです。

さて、そのアナヴが「地を受け継ぐ」といいます。これはギリシャ語では「ゲー（土地）をクレーロノメオー（相続）する」です。親の耕した畑を子が遺産相続することです。

ローマ帝国、ヘロデ王、エルサレム神殿から三重に税金を取り立てられるガリラヤ農民は、働いても働いても生活は少しも楽になりませんでした。収奪は残酷で、自作農は借金のかたに次々と畑を奪われ、日雇い労務者に転落していきました。イエスのたとえ話には、朝早くから夕方まで自分を雇ってくれる人を待って、ひねもす広場に立ちつくす、こうしたアナヴたちが登場します。もちろん、彼らには財産など何もありません。土をこねて造った泥の小屋か洞穴に住んで、飢えと背中合わせにやっと生きていました。

気仙では相続財産のことを「跡式《あとしき》」といいます。これはやや古めかしい日本語です。無産者、つまり子孫に引き渡すべき遺産を持たない人、親が貧乏で遺産をもらえない人は「跡式なし」です。この「柔和な人々」というのは「跡式なし」、つまりは「甲斐性なし」のことです。そのアナヴに対して、イエスは断言します。

野辺《のべ》の送りに泣く人は幸せだ。
その人たちはやさしく慰めていただける。
意気地なしの甲斐性《かいしょう》なしは幸せだ。
その人たちは神さまから素晴らしい跡式《あとしき》（遺産）をいただく。
（マタイ五・四〜五／ガリラヤのイェシュー）

「跡式なし」が神さまから「跡式」をいただくことになるという。それが神さまの「お取り仕切り」だという。イエスの言葉には常に極めて具体的で切実な現実が反映しています。その「跡式」がどんな跡式なのか目下は示されていないけれども、これを聞いたガリラヤの人々がどんな気持ちになったか、胸が痛くなるほどよくわかる気がします。「救い」が近づいているのだ、と人々は激しく感じたことでしょう。

こうしてイエスのまわりには、社会から見放されたアナヴたちが続々と集まって来ました。労働に日焼けした農民、漁師、しがない行商の商人《あきんど》、乞食、障害者、病人、売春婦までがまるでバッタの群れのように集まってきました。目ばかりギョロつかせて、汚れた上着の下に錆び刀を隠し持った物騒なカナナイオス（武闘過激派）もまじっていました。

それらは決して「柔和な人々」というわけではなかったのです。

ものがたり

シュロミット――❶

あたしの名前はシュロミット。すてきな名前でしょう。ええ、兄弟はいっぱいいるわ。まず一番上がイェシュー兄ちゃん。背が高くて、目がギョロッとしているけど、とってもやさしいの。陽気で、明るくて、冗談が好きで、いつも笑っているわ。それに、すごい力持ちよ。つぎ兄ちゃんがヤコブ。この人は真面目を絵に描いたような人ね。無口で、穏やかで、黙ってたくさん仕事をする。なか兄ちゃんは父さんと同じ名前のヨセフ。これはちょこまかと走り回るいたずらっ子。ちい兄ちゃんがふたごのシモンとユダ。この二人は顔も背丈もそっくりなので、あたしたちでさえしょっちゅう間違えます。それをいいことにしていつもいたずらばかりしてる。その次があたしで、一番末っ子がデボラ、おままごとの大好きなかわいい女の子よ。

父さんのヨセフは腕のいい大工さんでした。背が高くて、やさしくて、力持ちで、そう、イェシュー兄さんとそっくりです。違うのは無口で、物静かで、働き者。これ、ヤコブとそっくり。だから母さんは、ヤコブはもう一人の若い父さんみたいだって、とってもお気に入りなのね。で、その母さんがミリアム。陽気でお喋りで、働き者ね。世話好きで、みんなの面倒をよく見る、村一番の肝っ玉母さんね。こういう所はイェシュー兄ちゃんがよく似ていて、「あいつは母親を男にしたみたいなやつだ」ってよく言われるのよ。

あたしたちの村は小高い山の上にある小さな村で、住んでいる人の数はせいぜい五百人ぐらいかしら。たいていはお百姓です。村のまわりの畑をたがやし、山羊や羊を飼い、オリーブの木を育てて、実の油を搾ったり、葡萄畑の世話をしてお酒を造ったり、みんな忙しく働きます。でも、ここは地味があまり豊かではないので、みんな貧乏です。ガリル地方は、平地のほうは地味が豊かなのですけれど、ここナツェラットみたいな山の方はやせ地ばかりなんです。

　父さんは働き者です。うちの横にある作業場でせっせと仕事をします。大工仕事って、結構あるんです。机を作ったり、牛の首につけるくびきを作ったり、こわれた荷車をなおしたり、建てつけの悪くなった建具を修理したり、雨漏りのする屋根をふさいだり。

　うちのまわりには小さな畑があって、麦や野菜を作っています。山羊が二匹とロバもいます。この世話は主に母さんとあたしたち子供らの仕事です。

　上の二人の兄さんは父さんの仕事場に入り浸りで、いつも熱心に大工仕事を眺めています。面白くてならないみたい。父さんはとても器用なので、ときどき木の切れ端であたしたちにおもちゃを作ってくれます。あたしは着せ替えのできるお人形をつくってもらいたかったんですけど、でも、それはだめなんです。人形って悪霊が憑《つ》くんですってね。だから、村のあのこわいラビに見つかったら大変なことになるのだそうです。その代わりに父さんは小さなかわいい乳母車を作ってくれました。クルクルまわる車もついているんです。あたしはその乳母車に赤ちゃん人形の代わりにオリーブの実を入れて、花びらの着物を着せて遊びました。ええ、今でも大切に持っていますよ。

十三　やさしさをください

義に飢え渇く人々は、幸いである、その人たちは満たされる。
（マタイ五・六／新共同訳）

義のために迫害される人々は、幸いである、天の国はその人たちのものである。
（マタイ五・一〇／新共同訳）

義という言葉はわれわれを感奮興起させる魔力を持っています。およそすべての争い、全ての戦《いくさ》は義のために行なわれました。戊辰《ぼしん》戦争においても東北には東北の義があり、西南には西南の義がありました。大東亜戦争でも、日本には日本の義が、アメリカにはアメリカの義がありました。価値の基準が違えば、義もまた変化します。その義と義との戦いが流血の惨害を世界中にまき散らします。勝者の義が、最終的な義とされて、敗者の義は汚辱のなかに捨て去られます。力は正義なり。

さて、イエスはこうした義について語っているのでしょうか。

聖書で「義」と訳される言葉はギリシャ語のディカイオスュネーです。もともとはヘブライ語のツェダーカーの翻訳で、辞書ではその意味を「義、正義、公正」とし、「神さまのお心を行なうこと」とあります。それは万人が等しくなること。具体的には「施し」の意味だそうです。

とすると、この文もまた貧乏人の話です。義といえば、高邁《こうまい》な大義を連想し、頭に浮かぶのは、歴史に名高い義士、烈士の血湧き肉躍る物語です。でも、これがそんなことではなくて、「施し」のことだとしたら、ああ、何たる誤解か！

食うにも困る乞食が、「お恵みを！　お恵みを！」と手を差し出す。しかし、いつも運よく施しにありつけるとは限りません。ついに一切れのパンにもありつけず、空きっ腹を抱えて石を枕に野宿する哀れな乞食のことを考えてみましょう。義ならぬ施しにありつきそこねて、腹がへっている人、咽が渇いている人は幸せだとイエスが言っていることになります。なぜか。そういう人たちには神さまが腹の底が抜けるくらい食べさせてくださるからというのです。

施《ほどこ》しにありつきそこねて、腹が減っている人、咽《のど》が渇いている人は幸せだ。腹いっぱいに食わせていただくことになる。

（マタイ五・六／ガリラヤのイェシュー）

ツェダーカーが「施し」ならばその心は「やさしさ」でしょう。「やさしさをください！　やさしさをください！」と泣き叫んでも得られぬ人々を神さまは必ずやこの上なくやさしく抱きしめて下さるのだと、イエスは言っているのです。

では「義のために迫害される人」とは何でしょう。「義」が「施し」ならば、この訳も大幅に変えなければなりません。ここで「迫害」と訳されているのはディオーコー（追いかけまわす）です。「お恵みを！　お恵みを！」といって乞食たちに追っかけまわされる人は幸せだと、イエスは言っていることになります。

［ほだされてつい施しをするものだから貧乏人から］いつもねだられて追いかけまわされている人は幸せだ。

神さまの懐《ふところ》にシッカリと抱かれるのはその人たちだ。（マタイ五・一〇／ガリラヤのイエシュー）

頼りなく、望みなく、心細い人、野辺の送りに泣いている人、意気地なしの甲斐性なし、施しにありつきそこねて、腹がへって、咽が渇いている人、これらは幸せだという。常識をひっくり返すイエスの逆説です。

「真福八端《しんぷくはッたん》」の前半の四つはすべて貧乏人の話でした。そしてこれに続く四つの話は、その鏡像のように、貧しい人を恵むやさしい人についての話です。

情け深い人は幸せだ。

その人たちは温かい情けをかけていただける。

心根の美しい人は幸せだ。

その人たちはかたじけなくも神さまにお目通りが叶《かな》う。

お取り仕切りのやすらぎに誘《いざな》う人は幸せだ。

その人たちは神さまから「我がいとし子」と呼んでいただける。


（マタイ五・七〜九／ガリラヤのイエシュー）

結局、「八つの幸せ」というのは、徹頭徹尾、貧乏人の話なのでありました。そして考えてみれば、イエス自身も、ツェダーカーに頼ってその日暮らしをする、腹のへった旅の説教師なのでありました。

十四　幸いと幸せ

さて、「真福八端《しんぷくはッたん》」について考えたついでに、もう一つ大事なことを述べたいと思います。『新共同訳』でもその他の日本語の聖書でも、この八つの文はすべて「○○な人々は**幸いである**」という定型文になっています。その「幸い」についてわたしは違和感を覚えるのです。ここはむしろ「幸せ」と訳すべきではないでしょうか。これはマカリオスというギリシャ語の訳なのですが、もともとはギリシャ神話のオリュンポスの神々の不老不死の喜ばしい状態のことをいう言葉だそうです。

ここで、実験をしてみました。インターネットのグーグル検索というのがあります。これで「幸い」ということばを検索してみました。一億二千四百万件が抽出されました。いくら何でもこれを全部見るのは不可能です。それで最初の百件を検討してみました。するとおもしろいことが明らかになりました。「貧しい人々は幸いである」という類の聖書の引用が五一件ありました。そのほとんどが牧師先生、たまに神父さまのお説教でした。つまり、百件のうち、半分が聖書、それも大体がマタイ五章とルカ六章についての記事でした。残り半分は「不幸中の幸い」、「もっけの幸い」という文脈で用いられていました。これは、あることが起きて、それが他人にとっては迷惑なことであっても、自分にとっては都合のよいことであったという意味です。あくまでも自己中心的な都合のよさを喜ぶ表現で、その喜びを作りだす過程や周囲との関係については問いません。

一方「幸せ」を検索したら、三億百万件が抽出されました。「幸せ」が「幸い」の約二倍半です。ただ「幸い」の用例の半分は一般日本人にとってあまりなじみのない聖書の解説ですから、これを差し引けば「幸せ」の頻度は「幸い」の約五倍にもなります。

「しあわせ」は複合動詞「し・あわせる」の連用形で、二者間の関係がうまくかみあうことから生じる安堵や喜びをさします。

「しあわせ」と言うときに思いうかべる気持ちは、人と人との交わりにおける温かくほのぼのとした嬉しさです。

太郎君が恋人の花子さんに求婚する殺し文句はこうです。

「花子さん、ぼくはきっと君を幸せにして見せる！」

花子さんも嬉しくて、こう答えるでしょう。

「太郎さん、わたしもきっとあなたを幸せにしてさしあげますわ！」

「あの人は幸せな人生を送った」と言うとき、われわれはその人物が幸運にめぐまれたということよりも、温かい愛情につつまれて嬉しく感謝に満ちた人生をまっとうしたことを思います。

次のような表現はどうでしょう。

「幸いあの人は事業に成功して大金持ちにはなったが、幸せだったとはいいがたい」

功利的な幸運には恵まれても、人と人との相互の愛情に基づく幸福には恵まれなかったという意味です。

マタイ四章四節でイエスは言います。

人間は飯さえ食っていれば幸せに暮すというものではない。それに加えて神さまのみ口から出る一つ一つのお言葉を進んで我が身に受けてこそ、活き活きと幸せに暮すのだ。

（ガリラヤのイェシュー）

神さまは人間がそのような喜びを味わうためにどうしろとおっしゃっているのでしょう。

ヨハネ福音書のイエスが言います。

新しい掟《おきて》をお前たちに与える。
お前たち、互いに相手を大事にし続けろ。
俺がそなたらを大事にしたように、
そなたらも互いに相手を大事にし続けろ。

（ヨハネ一三・三四／ガリラヤのイェシュー）

「目の前にいる人を我が身と同じように人事にしろ」ということです。そこにこそ「神さまのお取り仕切り」が実現するのであり、それは「あそこにある、ここにあるというものではなく、お前たちの間にある」のです。

これがマカリオスの意味ならば、マカリオスは「幸い」というものではなくて、「二つのものや事柄をぴったり合わせること」から生じる喜びがその本質ですから、これは「幸せ＝仕合せ」と訳すのがふさわしいと思います。

そしてイエスの教えたかったことは、どうしたらその幸せにたどり着けるかということでした。

十五　報われる

聖書には「**報い**」の話がたくさん出てきます。

実はこれもギリシャ語を知らないまま『新共同訳』などを読んでいたときにとても困った言葉でした。なぜかと問う前に、次の文を読んでみてください。

はっきり言っておく。わたしの弟子だという理由で、この小さな者の一人に、冷たい水一杯でも飲ませてくれる人は、必ずその**報い**を受ける。（マタイ一〇・四二／新共同訳）

これは理解しがたい文です。

『新明解国語辞典』によればこうです。

報い＝以前した行いの総決算としてその人に与えられる、**負の結果**（古くはプラスの面についても言った）。

現代の日本語では、「報い」はあくまでも負の結果、つまり「罰、ろくでもない結果」のことです。実際、われわれの日常生活でこれをよい結果の意味で使うことはまずありません。「あいつは酒ばかり飲んでいた報いで肝硬変になった」などと言うでしょう。

ここに、イエスの《よきたより》を述べ伝えようと、旅の説教師がやって来ます。炎天下を歩いて、咽がカラカラです。この人が冷たい水を一杯、飲ませてくれと所望します。「おう、おう、お前さんはイエスさまのお弟子さんかね。いいとも。暑いところを大変だったろう。咽が渇いているんだね。何もないけど、冷たい水ならあるよ。さあ、一杯飲んで、渇いた咽をうるおすといい」

そう言って、親切に冷たい水を一杯でも飲ませてやろうものなら、「必ずその報いを受ける」という！イエスの弟子に親切をしたばかりに、罰を受けるのでしょうか。

この訳ではギリシャ語のミストス（賃金、給料、報酬）を一律に「報い」と訳しているのですが、ミストスは「ある行為に対するプラスあるいはマイナスの両方の結果」を表わします。咽の渇いている人に冷たい水の一杯でも恵んだら、その親切に対する代価は当然よい代価でしょう。敵を大事にし、人に親切にし、返される当てもなく金を貸す人はその無私無償の親切に対して神さまからよい代価をいただきます。その反対なら、おかしなものです。

それなのに、従来の訳ではミストスを「マイナスの結果」の意味しか表わさない「報い」と訳します。もし「よい結果」について言いたいなら、「必ず報われる」としなければなりません。

「報い」は動詞「報いる」あるいは「報う」の連用形から派生した名詞です。この動詞は「他人からされたこと（もらったもの）に対して、それに見合うようなことをして（ものを）返す」という意味です（新明解国語辞典）。よいことを返す例としては「恩に報いる」、悪いことを返す例としては「一矢《いっし》を報いる」をあげましょう。

また「報う」の受け身形で「報われる」という形は「よい結果」についてだけ用います。「苦労が報われた」といえば「苦労をしたが、そのおかげでよい結果が得られた」ということです。

このようなことに細かく気を使わないと、とんでもない誤訳をすることになります。ですからわたしはこう訳します。

俺の弟子だそうだからと、この名もない者たちの一人に、冷たい水の一杯も恵んでくれる人は、いいか、お前たちにシッカリとこの俺は言っておくぞ、その人は必ずきっと報われる。

（マタイ一〇・四二／ガリラヤのイェシュー）

ついでにもう一つ。

伝統的な翻訳の聖書では「**はっきり言っておく**」という言い方がイエスの口癖のように出て来ます。わたしはこれにもひどい違和感を覚えます。

「本当は口に出すのも不愉快だが、もう我慢がならぬ。はっきり言わないとバカなお前さんにはわからないらしい。言いたくもないが、この際はっきりと言っておくぞ！」

これはそういう意味で発せられる喧嘩言葉です。「俺は怒っているんだ。お前はバカだ」と宣言しているのと同じです。従来の訳では、イエスがこのせりふをむやみやたらと頻発するので、彼の物言いは読者にはひどく高飛車で不愉快な感じを与えます。

これは「アメン、わたしはお前さんたちに言う」の訳で、アメンは強く念を押すための副詞です。現代日本語なら「シッカリ、キッチリ」というような意味です。「はっきり言うときますけどな」というういかにも「いけずな」言葉ではありません。

イエスの一本気な気持を表わすためには次のように訳すのがいいと思います。

いいか、お前たちにシッカリとこの俺は言っておくぞ、その人は必ずきっと報われる。

（マタイ一〇・四二／ガリラヤのイェシュー）

十六　みこともち

聖書には独特の用語がたくさんあります。二千年も前のユダヤ社会ではごく当たり前の言葉でも、日本にはその言葉の概念さえもない場合はほんとうに困ります。そんな中で、まず「ヨゲンシャ」を取りあげてみましょう。

「ヨゲンシャ」とは「ヨゲンする者」という意味です。「ヨゲン」は普通「予言」と書きます。「予」は「預（あらかじめ）」の略字で「予言＝預言」。意味は「あらかじめ未来を予測して言うこと」です。ところが近代日本のキリスト教はこの単語に別の意味を与え、「預言＝神託・神さまのお告げ」としました。「預」は預金の「預（あずかる）」でもあるので、「神さまからの言葉を預かる」意味に用いたのです。

聖書の「預言者」とはヘブライ語ではナービー、ギリシャ語ではプロフェーテースです。数えると旧約聖書の中に「預言者」という言葉は三百あまりありました。似たような言葉で「先見者」というのもあります。ヘブライ語ではローエーあるいはホーゼーでどちらも「見る者」という意味です。サムエル記上九章九節に「昔、イスラエルでは神託を求めに行くとき、先見者のところへ行くといった。今日の預言者を昔は先見者と呼んでいた」（新共同訳）とあり、この先見者の原語がローエーです。またサムエル記下二十四章十一節に「ダビデが朝起きると、神の言葉がダビデの預言者であり先見者であるガドに臨んでいた」（新共同訳）とあり、この先見者がホーゼーですので、ローエー、ホーゼーはナービーの古称であったことがわかります。サムエル記上・下は紀元前一〇八〇〜九七〇年の一世紀あまりの間に起きた出来事を記した書物で、預言者サムエルの誕生からダビデ王の死までのことが書かれています。その成立年代は紀元前七世紀後半とされています。書かれている事件から二百〜三百年後のこの時代にはすでにローエーとかホーゼーは古語となり、もっぱらナービーと言われていたのでしょう。

ではローエー、ホーゼー「見る者」とは何を見る人のことなのでしょう。先に引用したサムエル記上九章には面白い物語が載っています。

後に初代のイスラエル王となる青年サウルが迷子のロバが見つからないので、有名なローエー、サムエルを訪ねます。するとサムエルは「お前をここまで導いたのは神さまのはからいである。お前はイスラエルの王となるのだ」と告げ、聖なる油を注いで、サウルを即位させたという話です。ここでのローエーは「失せ物」を見つけ出す職業的超能力者で、人々は一定の謝礼（たとえば四分の一シェケルの銀とか、食品など）を支払って失せ物の行方を教えてもらっていたようです。それにしても一国の王を任命する権威を持っていたのですからたいへんなものです。サムエルはローエーを育成する学校のようなものを営んでいて、いわば預言者学校の校長先生でした。このローエーたちは琴、笛、太鼓を鳴らして「預言する状態」になり、「別人のようになった」といいます（サムエル上一〇・五～六）。

まさにイスラエル版のシャーマン（北東アジアのツングース人の宗教における呪術師）ですね。これは、トランスと呼ばれる一種の異常心理状態で脱魂（極度の恍惚状態）、憑依《ひょうい》（自分以外の霊的存在が取り憑くこと）が起き、神仏や精霊などの超自然的存在と直接交流・接触するというものです。

サムエルの学校は修業型ローエー養成機関だったようです。その役割は初めは卑近な失せ物探しの類ですが、時代と共に召命型のナービーとして純化してゆきます。彼らは、純粋で強い倫理観を持ち、神さまの心を身に受けてその時代の社会に痛烈な批判を放ち、民を正しい方向に導こうと力を尽します。この点で一般のシャーマンとははっきりと区別される性格を持つにいたります。

日本語の預言者・予言者は「未来の出来事をあらかじめ言う者」のことです。そこにキリスト教学者がナービーの訳語として「預言者」という表記で「神さまの言葉＝神託を預かる者」という新しい意味をつけ加えました。区別するため、未来のことを言うのは「予言」と書くことにしましょう。新共同訳では「予言」という文字は一切使っていませんが、耳で聞いたらどちらも「ヨゲンシャ」ですから混乱が生じます。

漢字の造語力は実に強力なものですが、もともとが中国語の文字ですから、中国語に比べると音韻構造が単純な日本語に持ってきますと、同音異義語が非常に多くなります。漢語には耳で聞いただけではわからず、目で見ないと意味がとれないものが多くてほんとうに困ります。漢語に頼ってやたらと勝手な新語を作ったり、既存の漢語に新たな意味をつけ加えるようなことをすれば、わかったようでわからない生半可な訳が際限もなく増える破目になります。聖書が難解なのはこうした聖書翻訳用の特殊漢語によるところが多いと思います。目に頼る漢語ではなく、耳で聞いただけでスルリとわかるような言葉にしなければなりません。

いろいろ考えた末、わたしはナービー（預言者）を「みこともち＝御言持《みこともち》」としました。この古語は『新明解古語辞典』によれば「みこともち＝宰・司。（天皇の御言《みこと》を受け持って政治を行なう意）古代、地方に行って政務を治める官。地方官」とあります。天皇を神さまに置きかえればその意味はよく理解できます。もともとが日本語ですから、耳で聞いただけでわかります。「預言」は神さまの御言葉を語ることですから、「御言語《みことかた》り」としましょう。

十七　かんなぎ（祭司）たちの世界

太古の原始的社会では社会そのものが単純ですから、宗教もまた単純でした。シャーマンという特殊能力者がいて神さまとか精霊と交信し、神託を人々に告げ、神さまの特別な庇護をお願いするなどの仕事をしました。神さまには相応の感謝をささげたり、神さまが御機嫌の悪いときにはその御心をなだめて、お怒りを鎮めていただかなくてはなりません。そういうもろもろの役目をシャーマンが果たしていました。

でも社会が進歩してきますと、神さまをお祭りするやり方も複雑になってきます。立派な祭壇やそれをおさめる神殿が築かれます。聖なる呪文や祈禱の言葉も複雑なものになり、特別な礼式が発達します。すばらしい音楽や合唱なども発達するでしょう。それはとても一人のシャーマンの手におえるものではなくなります。

このような必要から祭司と呼ばれる特殊な職業集団が生まれてきました。

儀式を正確に伝えるための文字も工夫されました。文字を読み書きし、複雑な儀式を執行するためには子供のころからの訓練が必要です。それでこれは世襲の仕事になることが多くなりました。イスラエル人の社会も例外ではありません。

イスラエル人というのは十二の部族の連合体です。この中でレビ衆という支族が祭司の仕事を受け持ちました。ユダヤ教の実質的始祖といえるモーセがレビ衆の出身で、彼の兄アアロンが祭司の役割を引き受けたからでしょう。イスラエル人がエジプトを脱出してシナイの荒れ野にさ迷っている間、彼らは宿営地の真中に特別なテントを張り、それを移動式の神殿として神さまを拝む聖なる場としました。やがて彼らがカナン（パレスチナの古名）の地に定住して王国を営むようになると、立派な神殿が都エルサレムに建てられました。そしてレビ衆の祭司階級が神殿を中心とする聖なる礼拝の儀式を受け持ちました。

預言者（ナービー）の「御言持ち《みこともち》＝神さまの言葉を直接聞いて、人々に伝える」という役目はこうした複雑繁多な儀式に専心する世襲の祭司部族の手から次第に離れて行き、世襲などにはよらず、ある時突然神さまの声がくだって、それを受けた者がナービーになるという召命型ナービーが神託の取り次ぎ者として分化してゆきました。

偉大な御言持ちのモーセとユダヤ教の祭司の始祖であるアアロンとが兄弟であったというのも面白い組み合わせですね。預言者と祭司、これがユダヤ教という車の両輪となります。ユダヤ教は御言持ちと祭司という二つの宗教者群によって導かれて行くことになります。

ユダヤ教の聖職者「祭司」はヘブライ語でコーヘーン、ギリシャ語でヒエレウス（神聖な者）といいます。日本語の聖書では「祭司」と訳されますが、「さいし」を耳で聞いただけでは「妻子、才子、祭祀、祭司……」と同音異義語が多くて、なんのことやら見当がつけにくいという憾《うら》みがあります。それに「祭司」という言葉は日常生活で使う言葉ではありません。

そこでこのコーヘーンの訳語には古語の「かんなぎ」をあてました。これはもともと神道の用語「かむなぎ」です。意味は、「神さまの心を和ませる者」です。国語辞典では「覡」とか「巫」という文字をあてていますが、こんな難しい文字を見せられてすぐに読める人などあまりいないでしょう。それに「巫」は「みこ」とも読みますから、さらに混乱します。それで『ガリラヤのイェシュー』では漢字表記で「祭司」とし、これに「かんなぎ」という振り仮名をつけて表わすことにしました。

イエスの時代に「かんなぎ」は全国に七千二百人ぐらいいたそうです。これが三百人ずつ二十四の組に分れ、全国に散らばって思い思いの職業を持って暮しを立て、当番制で上京して神殿での奉仕に従事していました。

祭司の最高位の者はヘブライ語ではハッコーヘーン・ハッガードル、ギリシャ語でアルキエレウス（大祭司）といいます。これは「おおかんなぎ」。大祭司と書いて「おおかんなぎ」と振り仮名をつけます。

「おおかんなぎ」はたった一人しかいませんから、アルキエレウスに複数形があるのは奇妙なことですが、ギリシャ語で書かれた新約聖書にはアルキエレイスという複数形があります。これはコーヘーン・ハーローシュのことで現職・退職の大祭司をはじめ、神殿政治の中枢を握る最高会議（サンヘドリン）の七十一人の議員からなる貴族たちのことです。『新共同訳』は「祭司長ら」と訳しています。『ガリラヤのイェシュー』では「祭司《かんなぎ》の頭《かしら》たち」としています。

ヨハネ福音書十八章にはハンナという「おおかんなぎ」とカヤファという「おおかんなぎ」が出て来ます。実はこれ、現職の「おおかんなぎ」がカヤファで、ハンナは彼の舅《しゅうと》にあたる、退職した前任の「おおかんなぎ」でした。このように、退職した後でも、「おおかんなぎ」の称号はずっとそのままついていたというわけです。

これらを区別するために『ガリラヤのイェシュー』では次のように［　］内に補足して書いておきました。

……この後、［前大祭司《さきのおおかんなぎ》］ハンナ殿はイエスさまを縄目のまま大祭司《おおかんなぎ》カヤファ殿のところに送りつけた。……（ヨハネ一八・二四）

十八　掟語りとイエス

福音書には「律法学者」と称する人々がさかんに登場します。「ファリサイ派の律法学者」ともあります。律法を研究する学者で、ファリサイ派が多かったのでしょう。試しに数えてみました。旧約聖書にはゼロ。新約聖書には六十。その内、五十七が福音書（マタイに二十、マルコに二十二、ルカに十四、ヨハネに一）、残り三が使徒言行録でした。イエスの時代の特徴的な言葉だということがこれでも伺われます。ついでにファリサイ派ですが、これも旧約聖書にはゼロ、新約聖書に九十八、内訳は福音書に八十九（マタイに三十、マルコに十二、ルカに二十六、ヨハネに二十一）、残りは使徒言行録に八、フィリピ人への手紙に一で、これもまたイエスの時代に特徴的な言葉です。

ファリサイ派とはユダヤ教の中のひとつの派です。マケドニアのアレクサンドロス大王がギリシャ半島を統一し、大帝国ペルシャのダレイオス大王を破って、アフガニスタンからパキスタン、インドの西端にまで遠征し、エジプトを降し、空前の大帝国を建設しました。ギリシャ文明が世界を覆います。彼は征路の途中で病没し、帝国は部下の将軍たちによって分割統治されました。ユダヤはこの内のシリアのセレウコス朝の属国とされました。セレウコス朝の王たちはユダヤ教を嫌い、ギリシャの神々を礼拝するように強制しましたが、ユダヤ人はこれに抵抗し、祭司マカバイオスの一統が蜂起して、独立を獲得しました。この一族の樹立した王家をハスモン王朝といいます。もともとが祭司の出なので、この王朝はエルサレム神殿を中心とした神権国家でした。

このユダヤ独立戦争で果敢に戦った人々の中に、ハシディームとかペルーシームと呼ばれる人々がありました。圧倒的な軍事力と高い文化で世界を染めあげるヘレニズム（ギリシャ風の文化）の前で、ユダヤ人の文化的伝統と宗教を死守して、民族の個性を貫こうと決意した人々です。これがファリサイ派の起源です。

彼らは、民族の悲劇はユダヤ人が神さまの掟に背いたことによって招来されたと考え、律法の徹底した遵守《じゅんしゅ》こそが肝要だと考えました。神さまはモーセを通じて律法を与えられました。最初は「十戒」と呼ばれる単純なものだったでしょうが、時代とともに精緻に組み上げられてゆき、特にファリサイ派は神の選民として必要だと思われる多くの細則をつけ加えてゆきました。かくて律法はますます膨大なものとなり、次第にその内面をおろそかにして、掟さえ守れば事足りるとする外面的な宗教と化しつつあったのです。尊大になったファリサイ派は一般民衆をアム・ハアレツ（地の民）と呼び、無知な救いがたい連中だとして軽蔑していました。このファリサイ派の中の選良が律法学者です。幼少の頃から師匠に弟子入りし、聖書をすみからすみまで暗記し、さらに先輩の律法学者たちの残した膨大な研究成果を身につけて、四十歳ぐらいになって免許皆伝となり、一人前の律法学者になります。生涯を律法の研究にささげる大学者たちです。現代のわれわれの感覚では大学教授なみの学者たちでしょう。ファリサイ派と律法学者たちは、福音書の中では不当に低く評価されているように見えます。おそらくそれは、イエスと鋭く対立し、彼を死に追いやった敵として、福音書を書いた人々が抱いていた恨みによるものでしょう。

イエスの時代、神殿政治の中枢は与党サドカイ派に握られていました。これは祭司や貴族階級の人々で、来世を信ぜず、この世の福楽を第一義とする人々で、神殿に寄生し、ツァードキームと呼ばれていました。大衆の信仰心を利用して莫大な富を吸いあげ、保身のためにローマ帝国におもねり、権力の座にあぐらをかいていたのです。イエスを殺したのも彼らです。ファリサイ派はまだ野党の立場にありました。

社会の矛盾の根本的な原因を作っていたこの堕落したサドカイ派についてイエスはほとんど何も語っていません。一方、ユダヤ教を外面宗教化したと非難されるファリサイ派ですが、民衆の精神をヘレニズムの浸透から守り抜いた尊敬すべきこの人々に対してイエスは痛烈極まる批判の言辞を放ち、敵意を剝き出しにして罵《ののし》っています。なぜでしょう。

おそらくイエスにとってサドカイ派はまともに相手にするのもばからしい連中だったので

しょう。それに対してファリサイ派は渾身の力を振りしぼってぶつかるに価する手ごわい相手だったのです。そう考えると、マタイ二十三章の、あの激しい叱責の言葉が理解できるように思われます。

イエスがかくも熾烈な対決をファリサイ派に対して挑んだのは、彼らがその熱心さの余り、ほとんど実行不可能な掟の細目を作り上げ、人々に押しつけ、これを守れない者を「罪人《つみびと》」と呼んで排斥し、裁いたからです。イエスに言わせれば、「神さまが欲しがっていらっしゃるのは犠牲《いけにえ》ではない。憐れみの心だ」ということでした。

律法学者のことをヘブライ語でソーペールといいます。ギリシャ語ではグランマテウスといいます。もともとは「書記、文字を書く人」のことです。古代においては文字を書くという技術は大変な学識でしたから、やがてこの語は「学者」という意味に用いられるようになりました。そしてこの時代のユダヤ教の世界では、学者といえば律法学者のことでありました。

耳から聞いてすぐにわかるように配慮して、わたしの訳では「律法」を「掟《おきて》」とし、律法学者は「掟語《おきてかた》り」としてあります。

十九　食べ物と衣服

イエスは非常に印象的な説教をする人でした。この人の説教を一つ一つ丁寧に原語から読み解く作業をしていますと、そのことがひしひしと伝わってきます。

だから、言っておく。自分の命のことで何を食べようか何を飲もうかと、また自分の体のことで何を着ようかと思い悩むな。命は食べ物よりも大切であり、体は衣服よりも大切ではないか。
（マタイ六・二五／新共同訳）

よくなじんだ文句ですから、今まで何とも思わなかったのですが、これをケセン語になおそうとしたら、はたと困りました。何だか変なのです。

「命は食べ物より大切である」という意味がよくわかりません。だって、食べ物あっての命ではありませんか。全ての生き物は自分の体の外からエネルギー源を摂取して、生命の維持と保存を行ないます。ですから生きるということは食べるということと同じです。

人はよく「生きるために食うのか、食うために生きるのか」という問いかけをすることがあります。もちろん「生きるために食う」と答えるのがまっとうな答えでしょう。しかしこれは豊かな環境の中で満ち足りている時の答えです。衣食足りて礼節を知る状態の人の言葉です。

飢えて、ガツガツになっているときには、そんな悠長なことを言っているゆとりはありません。ただひたすら、食い物のことしか考えられないのです。自分の全存在は食い物のためにあると感じられるほどの激烈な食欲と飢餓感に突き動かされて、地に這い、水にもぐって、必死になって食い物をあさります。見栄も外聞もなく、ただひたすら食い物に向かって突進します。そんなとき、人はまさに「食うために生きている」のです。大東亜戦争に負けてからの飢餓の時代に少年期を送ったわたしにはその感覚が今も体のどこかに残っています。

この文と対になっている「体は衣服よりも大切である」という言葉も同様です。衣服というものは寒暑から体を守る大切なものです。冬の寒空に裸でいたら、凍えて死んでしまいます。高温多湿の熱帯や亜熱帯に暮すのでない限り、衣服があるからこそ人は生きられるのです。

言葉というものはそれを発する人とそれが向けられる人の置かれている状況を考えてはじめてその真意を理解できるものです。思うに、イエスのこの言葉は暖衣飽食の人々に向けてのものではありますまい。飢え凍えている人々に向かって、自分もまた飢え凍えているイエスが言っている言葉です。そんな状態でも、まあ待て、人間としてのゆとりと品位を忘れるなど言っているのではないでしょうか。

そういうわけだから、お前さんたちに言っておく。自分の命を繋《つな》ごうと思って、何を食おうか、何を飲もうかとあくせく案じたり、自分の体を囲おうと思って、何を着ようかとクヨクヨ心配しているのは止めておけ。食い物の有る無しよりも、まずは今こうして生きて命のあることのほうがよほど有り難いことではないのか？　着る物の有る無しよりも、まずは今こうして体のあることのほうがよほど有り難いことではないのか？

空の鳥をよく見ろ。種も蒔《ま》かないし、稲刈りもしないし、秋仕舞《あきじまい》もしない。それでも、天にいなさるお前さんたちの父《とと》さまはあれらを養っていなさる。お前さんたちはあれらよりはるかに勝《まさ》ったものではないのか？

お前さんたちのうちで誰が、いくらメソメソ気を揉《も》んだからといって、その身の丈《たけ》を一尺たりとも伸ばせるものかね？

なぜ着物のことなどでそんなにクヨクヨ悩んでいるんだ？　野の百合《ゆり》がどのようにして育っていくか、よく気をつけて見てみろよ。特別苦労するわけでもないし、糸を紡《つむ》ぐわけでもないぞ。それでもな、言っておく。栄華の極みを尽くしたあのソロモン王でさえ、この花の一つほどにも着飾ったわけではなかった。今日は野にあっても、明日は竈《かまど》にくべられる草でさえ神さまはこんなにも美しく飾ってくださっていなさる。ましてお前さんたちのことはなおさらではないか？　な、そうだろう、心細くてオロオロしているお前さんたち？

だから、『何を食おうか？』、『何を飲もうか？』、『何を着ようか？』などとウジウジ心配するものではない。そんなものは［神さまの心のわかっていない］あの夷狄《えびす》どものしがみつくものだ。天においでの、お前さんたちの父《とと》さまはこうした物がすべてお前さんたちには入り用だということをよくわかっていなさる。

何よりもまず、神さまのお取り仕切りに加わりたいもんだ、お心にかなうようになりたいもんだと、心からそう願い続けろ。そうすれば、こんな物などは全部ついでに授けてくださる。

だから、明日《あした》のことでクヨクヨ気を揉むものではない。明日のことは明日が心配する。その日の苦労は、その日だけでたくさんだ。


（マタイ六・二五〜三四／ガリラヤのイェシュー）

二十──やわらかもの

ヘロデ王に楯突《たてつ》いたかどで「お水くぐらせ」のヨハネが捕らえられました。牢に訪ねて行った弟子がイエスのもとによこされました。使者はたずねます。

「[世を救うために]来るはずのお方というのはお前さまのことでございますか？　それとも、まだ別のお方を待たなければなりませんか？」

（マタイ一一・三／ガリラヤのイェシュー）

イエスが答えて、言います。

「行って、お前さんたちが見たり聞いたりしたことをヨハネ殿にお聞かせなされよ。『盲《めし》いたる者が見、足立たぬ者が歩き、腐れ病《やまい》に苦しむ者が治され、耳聞かずが聞き、死人《しびと》が生き返らせられ、乞食《こつじき》どもが《よきたより》を聞かせられている』と」

（マタイ一一・四～五／ガリラヤのイェシュー）

使者が帰ると、イエスはヨハネを絶賛しました。「およそ女から生まれた者でお水潜《くぐ》らせのヨハネより偉い人は出たことがない」。このときのイエスの言葉は一編の詩です。

あなたがたは、何を見に荒れ野へ行ったのか。風にそよぐ葦か。では、何を見にいったのか。しなやかな服を来た人か。**しなやかな服**を来た人なら王宮にいる。では、何を見に行ったのか。預言者か。そうだ。言っておく。預言者以上の者である。」

（マタイ一一・七～九／新共同訳）

「葦」と訳されているのはカラモスのことです。これは実は葦ではなく、和名を葮竹《だんちく》あるいは蘆竹《よしたけ》という植物で、ヨルダン川の岸辺にしげり、丈が六メートルにも達します。日本では本州中部以西の河原などに分布しています。

ここにある「しなやかな服」という訳は変です。衣服の性状を形容するのに「しなやか」という言葉を使うのを聞いたことがありません。『新明解国語辞典』によると、「しなやか」とは「弾力があって、そのものの状態（動作）がなめらかな様子。曲げてもすぐ元に戻る様子」とあります。弾力があって、曲げても元に戻る……。プラスチックか形状記憶合金みたいです。着たいとは思えません。

原典ではタ・マラカ「やわらかいもの」、つまり「やわらかもの＝上等の衣服」のことです。「やわらかものをお召しなされたお歴々なら、［荒野ではなく］百敷《ももしき》の大宮処《おおみやどころ》にござらっしゃるぞ」とイエスは言っているのです。

でも、イエスの言葉の最後も気になります。「女子《おなご》の腹から生まれた者で、お水潜《くぐ》らせのヨハネより偉い者が現われたためしはかつてない」と絶賛しておいて、「だがな、神さまのお取り仕切りで一番下《した》っ端《ぱ》の小者《こもの》でさえも、この人よりは偉いのだ」（マタイ一一・一一／ガリラヤのイェシュー）と言うのです。上げたり下げたり、目まぐるしい。

イエスは最初ヨハネの弟子の一人でした。ヨハネがヨルダン川の岸辺で説教し「心を切り換えよ！　神さまのお取り仕切りは今まさに此処《ここ》にあり！」（マタイ三・二／ガリラヤのイェシュー）と叫んで「お水潜《くぐ》り」を始めたときに、全国から集まってきたたくさんの人々の間にナザレから来たこの大工さんもまじっていたのです。イエスがヨハネ教団から独立して、独自に説教を始めたとき、彼の第一声もこれと同じ「神さまのお取り仕切りは今まさに此処《ここ》にあり！心を切り換え、これからはこの《よきたより》にその身も心も委ね続けろ！」（マルコ一・一五／ガリラヤのイェシュー）でした。ヨハネ一章三十五～五十一節によると、イエスの最初の弟子たちももともとお水潜《くぐ》らせのヨハネの弟子であった者たちです。

ですからイエスがヨハネを「女子《おなご》の腹から生まれた者で、お水潜《くぐ》らせのヨハネより偉い者が現われたためしはかつてない」と絶賛する言葉にはうるわしい師弟関係がうかがわれます。ところが、その舌の根も乾かないうちに、どうして「神さまのお取り仕切りの中では屑にも劣る」というようなひどいことを言うのでしょうか。勘ぐれば、「洗礼者ヨハネ教団」はマタイが福音書を書いたときにまだ健在で、彼らに対する対抗意識が、イエスの言葉だとしてこのような文句をここに挿入したのかも知れません。

お水潜《くぐ》らせのヨハネの説教を見ると、「心を切り替えない者」に対する神さまの懲罰を予告する脅しが、これでもか、これでもかと繰り返されています。いわく「斧は木の根に置かれた」、いわく「マムシの子らよ、神さまの怒りからは絶対に逃げられないぞ」、いわく「火に投げこまれるぞ」。荒々しい荒れ野の御言持《みことも》ちの咆哮《ほうこう》です。旧約聖書的な「恐るべき神」の姿です。イエスの伝えたかった神さまのお姿はそのようなものではありませんでした。やさしく、あたたかく、罪人をもそのふところにシッカリと抱きしめてくださる恵みの神さまです。ここにイエスはヨハネの限界を見切ったのでしょう。そして、かつては師匠であったヨハネに対して心からの敬意を述べながらも、「ああ、あれほどの人物が、惜しいことだ！」と深い溜め息をつきながら、寂しくもこのせりふを吐いたのだ、とわたしには読めます。

二十二　腹を立てる

新約聖書の中でしょっちゅう出てくる言葉に「つまずく」があります。『新明解国語辞典』を見てみました。

つまずく＝①【なにニ～】歩くとき、足が物に当た（って、よろけ）る。〈敷居に～〉②【なにデ～】途中で障害にあって失敗する。〈人事問題で～〉

『日本医師会雑誌』に、足の弱った老人が「敷居**に**つまずく」とありました。①の例です。『週刊新潮』に「酒と女**で**つまずいた元自衛官」という記事があり、これは②の例。聖書によく出て来る「つまずく」の例を見てみましょう。『新共同訳』です。

人々はイエス**に**つまずいた（マタイ一三・五七）

今夜、あなたがたは皆わたし**に**つまずく（マタイ二六・三一）

みんながあなた**に**つまずいても（マタイ二六・三三）

人々はイエス**に**つまずいた（マルコ六・三）

あなたがたは皆わたし**に**つまずく（マルコ一四・二七）

わたし**に**つまずかない人は幸いである（ルカ七・二三）

あなたがたはこのことに**に**つまずくのか（ヨハネ六・六一）

ここにあげた七つの例文は「つまずく」の前に「に」があるので、意味は①であるはずです。すると、いささか滑稽な状況が想像されますね。道の真ん中にイエスが昼寝している。そこへ通行人が通りかかり、イエスの足にけつまずいて、ステンと転ぶ。ばかな話です！

これらの「つまずく」はすべてギリシャ語の動詞スカンダリゾーの訳です。『新約ギリシャ語辞典』で調べてみました。

スカンダリゾー＝①罪（不信仰、背教）に誘う。
②不快にする、憤激させる、怒らせる。

前の例文では、前後関係から推して「腹を立てる、見捨てる」だと思われます。それなのに訳文では助詞の使い方を間違ったために、とんでもない意味になったのです。

これらは、イエスの言動が当時の常識からあまりにはずれているので人々が腹を立てたり、あるいは他の重大な理由でイエスを見限ったという話です。なぜもっとわかりやすく「人々はイエスの言葉で腹を立てた」とか、「今夜、お前たちは皆恐怖のあまりわたしを棄てるだろう」とか、「俺のいうことで憤慨しないやつは幸せ者だ」などとは訳さないのでしょうか。スカンダリゾーを何が何でも「つまずく」と訳したいのが伝統的聖書翻訳の方針らしく、この他にも次のような変な例があります。

もし、右の目があなたをつまずかせるなら、えぐり出して捨ててしまいなさい。
（マタイ五・二九／新共同訳）

もし右の手があなたをつまずかせるなら、切り取って捨ててしまいなさい。
（マタイ五・三〇／新共同訳）

自分の目玉がその人をつまずかせたり、右の手がその人をつまずかせる！　こんな奇妙な話があるものでしょうか。まさにグロテスクなブラック・ユーモアではありませんか。

多くの人がつまずき、互いに裏切り、憎み合うようになる。
（マタイ二四・一〇／新共同訳）

これが「多くの人が神さまに従う心をなくして、互いに裏切り、憎み合う」意味だとはなかなか読めません。

わたしはこれまでの日本語訳の聖書が多用してきたこのような珍妙な日本語こそ、まさに「つまずきの石」だと痛切に思います。そしてそれを、心のどこかで変だなとは思いながら、黙って文句も言わずに受け入れてきたわたし自身の、謙遜と従順という美名に隠された怠惰を恥じます。

それ、右の目がお前さんを人の道に外れさせているぞ。そんなら、そんな目玉はグリッと抉《えぐ》って棄《す》ててしまえ。（マタイ五・二九／ガリラヤのイェシュー）

それ、右の手がお前さんを人の道に外れさせているぞ。そんなら、そんな手などはバッサリと切って棄《す》てろ。（マタイ五・三〇／ガリラヤのイェシュー）

二十二──大黒柱

聖書の世界の文化とわれわれのそれとは異なる点が多々あります。そのような異文化の文物を表わす言葉を訳すのは不可能に近いことがあります。「隅《すみ》の親石《おやいし》」もそのひとつです。

家を建てる者の捨てた石、
これが**隅の親石**となった。
これは、主がなさったことで、
わたしたちの目には不思議に見える。
（マタイ二一・四二／新共同訳）

この「隅の親石」のことをケセン語で何というのか知りたくて、まずわたしは気仙大工の棟梁たちや職人たちに聞いてまわりました。だれもそんな言葉は聞いたこともないと言います。石垣積みの職人たちにも尋ねてまわりました。だれも知りませんでした。
途方に暮れて、国語辞典を調べてみました。
愛用する『新明解国語辞典』（六万二千語収載）をめくってみましたが、ない。

『日本語大辞典』（十七万五千語収載）にもない。

大枚をはたいて買った『日本国語大辞典』（五十万語収載）でやっと見つけました。

親石＝①石造家屋の礎石のうち、隅に置く重要な石。転じてもとになるもの。基礎。
②頭石《かしらいし》に同じ。

頭石＝石造家屋の礎石の意から、キリスト教で、すみに置かれる重要なものをいう。

だれも知らないはずです。伝統的に日本には石造家屋などありません。名声鳴りひびく気仙大工が知らないのも当然でした。

石壁の重量を角《かど》で支える礎石ですから、よほど大きくて頑丈でないと家が傾くでしょう。「こんなちっぽけな、形も悪いものは役に立たない」として、ポイと捨てられてしまった石がどういうわけか「隅の親石」になった。いやはや、たまげたことだ。神さまのなさったことさ……という意味です。社会の害悪だとして十字架で惨殺されたイエスが、人の世の救い主になったことを暗示する詩です。

通常の国語辞典にもない、気仙大工も石垣積みの親方も知らない言葉を使ったところで、聞く者はわけがわかりません。そこで思い切って、大胆な意訳をしてみました。

大工も捨てた痩《や》せ丸太だが、
大黒柱になりおおせたぞ。
我らがあるじなる神さまの
なさったことだ、このことは。
われらが目には魂消《たまげ》たことだ。

（マタイ二一・四二／ガリラヤのイェシュー）

こうすれば、気仙大工の里であるわがふるさとの人々には何の説明もなく理解できます。無用として棄てた石は痩せ丸太に、隅の親石は大黒柱になりましたが、石造建築と木造建築の差はあれ、意味するところは同じです。

こんな大胆な訳は聖書学者の先生方の顰蹙《ひんしゅく》を買うと思います。でも肝心なことはイエスが訴えたかったことの大本を伝えることです。逐語的な訳にこだわる必要はなく、隅の親石の解説などは脚注で説明しておけばすむことでしょう。人を見て法を説け。日本人に福音を伝えるには日本人が理解できるようにして伝える必要があります。

似たような例をもう一つ。

「コンエン」すなわち「婚宴」(マタイ二二・二/新共同訳)。友人数十人に片端からこの言葉を知っているかと尋ねてみました。聖書によく親しんでいる人は知っていましたが、それは例外。キリスト教を知らない一般の人々では皆無でした。国語辞典を調べました。

『新明解国語辞典』(六万二千語収載)、ない。

『言泉』(十五万語収載)、ない。

『日本語大辞典』(十七万五千語)、ない。

『日本国語大辞典』(五十万語収載)、やっとありました。「婚礼の席、婚礼の宴」とあって、出典は「新約聖書」でした。何たることか!

漢字で見れば「婚宴」は「結婚披露宴」のことらしいと見当はつきます。でも、耳で聞いただけではまるでわかりません。国語辞典で調べようにも、世界最大、五十万語収載の大辞典でなければ載っていない。しかも、その出典が新約聖書! ひどい話です。日本の文化にない事柄を訳すために、「隅の親石」とか「預言者」とか「律法学者」とかの新語を考え出す。これはある程度しかたがありません。でも「結婚披露宴」という立派な日本語があるのに、なぜ「コンエン」などという、きてれつな言葉を造りださなければならないのでしょう。福音はだれのためか……。

二十三　元気出して、母さん！

マタイ九章二十二節の話です。

群衆にもみくちゃにされながらイエスが会堂の司《つかさ》ヤイロの家へ急いでいます。司の娘が死んだというのです。押し合い、へし合いする人々の中に、一人の女がいました。十二年間も出血病を患っていたとあります。慢性の月経過多、原因は子宮筋腫とか慢性の子宮の炎症か、あるいはひどい心身症だったかも。特発性血小板減少症の可能性もあるな、と友人の医者が呟いていました。

いずれにせよ、十二年間も続いていて、『マルコ』によればあまたの医者にかかったが、治るどころかますますひどくなり、ついには財産までも治療費に使い果たしてしまったそうです。貧血で青白い顔をし、フラフラしていたはずです。出血は穢《けが》れとして忌み嫌われます。この十二年間、穢れ人の扱いをされ、どんなに傷ついていたことでしょう。

そんな彼女が、近ごろ有名な説教師に一縷《いちる》の望みをかけました。着物の縁の房飾りにでも触れれば、噂に聞く神通力で治して貰えるに違いないと、夢中で人込みをかきわけ、後ろからイエスの着物の裾にすがりました。イエスは自分の体から超能力が出てゆくのを感じて振り返りました。

わたしの目から見ると、この女はひどい心身症だったようです。イエスの衣服に触った途端に血のもとが乾いて、病気が治ったと確信した！　そして本当に治った……いかにも心身症らしい経過です。強烈な自己暗示で心身症が一瞬で治ってしまったのでしょう。

イエスは勘のいい人でした。爆発するような喜びを感じて振り返ると、輝く女の目と目が合いました。『新共同訳』はそのときのイエスの言葉をこう書いています。


娘よ、安心しなさい。あなたの信仰があなたを救ったのだ。

（マタイ九・二二／新共同訳）


感動的な場面なのですが、このせりふは困ります。

われわれが見知らぬ女性に対して「娘よ」などと横柄な口をきくことがあるでしょうか。せめて「娘さん」。でもそれは若い未婚の女性に対する呼びかけです。人妻に対して「娘さん」と呼ばわりはしません。この時代の結婚年齢は若く、女は十五か六で結婚しました。だから「娘さん」というのはそのぐらいかそれ以下の女の子です。でも彼女は十二年間も月経過多に悩んでいた。とすると彼女の初潮は三歳か四歳。まさか！

これはギリシャ語テュガテールの訳です。辞書を見るとたしかに「娘」の意味ですが、「女の子孫、町の女の住民、町とその住民」の意味もあります。地の文では彼女のことをギュネー（女、婦人、人妻）としています。女の子だったとは思われません。

では気仙ではこんなときどういうか。親しみをこめてやさしく「母《かあ》さん！」と言います。自分の母親だけが母さんではありません。既婚婦人に対する親しい敬称として「母さん」と言うのです。この言葉を発するとき、われわれの胸には何ともいえない温かい気持ちがわきます。そんな気分をこめて、イエスは「母さん！」といって微笑んだのです。

元気《ゲんき》を《イ》出《だ》せ、母《かあ》さん。俺《おれア》を《どゴォ》頼《たよ》りにしてけでる（くれている）その心《こゴろア》が、お前さんを《めアさんがどゴォ》治《なお》してしまってる。

（ガリラヤのイェシュー）

ついでに「子よ」という奇妙な訳語についても考えてみましょう。

すると、人々が中風の人を床に寝かせたまま、イエスのところへ連れてきた。イエスはその人たちの信仰を見て、中風の人に、「子よ、元気を出しなさい。あなたの罪は赦される」と言われた。

（マタイ九・二／新共同訳）

日本語で「子よ」という呼びかけをわたしは聞いたことがありません。三十歳台のイエスに「子よ」と呼ばれる以上はかなり年下で、彼にとっての子供の年齢、たぶん十五歳以下ということでしょうか。でも中風という病気は子供の病気ではありません。老人の病気です。そんな人に向かって、若いイエスが「子よ」と言う。

これはギリシャ語のテクノンの訳で、辞書では「子、子供（両性を含む）、ただし愛情をこめた呼びかけとして大人に対しても用いられる」とあります。どう考えても大人としか考えられない相手に、いくらギリシャ語のテクノンに「子」の意味があるとしても、そのまま日本語の中で「子よ」と訳す神経はいただけない。われわれならこう言います。

爺《じい》さん、元気《ゲんきィ》を出《だ》せ！　お前《めァ》さんにャ何《なん》の罪《つみ》もねァんだぞ。

（ガリラヤのイエシュー）

聖書は品格を重んずる。でも、とりすましてやたらと品格を重んじた結果が「娘よ」であり、「子よ」であったら、これは寂しいことではありませんか。ガリラヤの田舎大工はそんな言葉づかいはしなかったはずです。

二十四　信頼

聖書には「信仰」という言葉がたくさん出て来ます。ケセン語はもちろん一般の口語では「信仰」は名詞としてはまず使いません。「信仰が厚い／信仰が薄い／信仰を持つ」のような言い方をせず、「信仰する」という動詞として使います。

信仰＝神や仏などを、心の迷いなどを救う究極の拠り所として、理屈を超えて信じること。（新明解国語辞典）

信仰の対象はあくまでも目に見えない神仏で、「人間を信仰する」ことはありません。このことを頭に置いて、次の訳文を見てみましょう。

イスラエルの中でさえ、わたしはこれほどの**信仰**を見たことがない。（マタイ八・一〇／新共同訳）

ローマ軍百人隊長が部下の病気の治療をイエスに頼みました。快諾して、彼の家に出向こうとしたら、彼は「ひとことだけ言ってくだされば十分。それで治るはずです」と答えました。例文はこれに感動したイエスの言葉です。でも、「信仰を見る」という表現は変です。「信仰」は目に見える〈もの〉ではありません。しかも「信仰」は神仏を対象とし、人間に対しては用いない言葉です。隊長が見ているのは、ナザレ村の大工さんです。目に見える生身の人間を「信仰する」？　これも変ですね。それで『ガリラヤのイェシュー』ではこう訳しました。

イスラエルの中でさえ、これほどこの俺を力とも頼りともしてくれた者はなかった。

（マタイ八・一〇／ガリラヤのイェシュー）

次の例はどうでしょう。

イエスは振り向いて、彼女を見ながら言われた。「娘よ、元気になりなさい。あなたの**信仰**があなたを救った。」そのとき、彼女は治った。

（マタイ九・二二／新共同訳）

出血症の女がイエスの衣服の裾にすがって癒されました。その女へのイエスの言葉です。

ケセン語では「あなたの信仰があなたを救った」とはいえない。「信仰する」という動詞を用い「あなたがわたしを深く信仰したから、あなたは救われたのだ」となります。でもこれも現実にはあり得ないことです。

百人隊長や出血症の女はイエスを神さまとして信仰したのでしょうか。そんなことはないでしょう。彼らが見ているのは、不思議な力によって悪魔を追いだし、病気を治すいわば「まじない師」です。このお方におすがりすれば、きっと病気を治してくれると、ものすごく力にしていたのです。もし、彼らがイエスを神さまだとして信仰していると考えたとしたら、それは噴飯物《ふんぱんもの》です。生身の人間を「信仰する」など、当時のユダヤ人のものの考え方からして、あり得ないことです。

「信仰」はギリシャ語のピスティスの訳で、辞書にはこうあります。

ピスティス＝①信ずること、信ずべきこと、信、信用、信頼、信義、納得。
②信用貸し、受託、被受託者。
③〈**聖書**〉**信仰**。
④保証、証拠、約定、誓言、誓約。
⑤保証する議論、論証、立証、証明。

ピスティスの基本的意味は「信頼」です。信頼は信用につながり、信用貸しも相手を信頼するから成り立ち、保証や証拠は信頼の基礎、証明や立証も信頼を得るためのことです。その中でわざわざ「③〈聖書〉信仰」としているのは、これは聖書独特の翻訳用語だということを示したいからです。聖書の翻訳だけに用いるこういう特殊な使い方は混乱のもとです。「神さまを信仰する」と訳されているのは、ギリシャ語の意味合いではむしろ「神さまを信頼してぐらつかない」ということです。

そして、この場合の百人隊長や出血症の女の気持ちも「信頼」です。「力とも頼りともする」ということです。

「信仰」という言葉には凡人には近寄りがたい崇高な距離感があります。一方「信頼」は神仏に対しても、人間に対しても用いることができます。「信頼」には「信仰」よりもはるかに人間的な温かさと力があります。幼子が母親の胸に甘えるような、穏やかで、安らかで、温かい情愛に満ちた気分、父親の逞《たくま》しい腕に守られる安心と心強さが満ちています。ピスティスとは元来そういう意味の言葉なのです。

ものがたり

シュロミット――❷

あたしたちはとっても仲のいい兄弟でした。でも、ほんとは母さんが産んだ子はイェシュー兄ちゃんだけなんですって。あとの六人は父さんと母さんが違うの。

あたしたちの家は丘の南側の日当たりのいい場所にあります。石を組み上げた壁に簡単な屋根がついています。壁の上に木を並べて、その上にナツメヤシの枝をたくさん並べます。そしてその上に粘土を厚く塗ってお日さまに乾かせば、はい、出来上がり。カチンカチンの屋根になります。

父さんのヨセフには仲のいい弟がいました。名前はイツハク。その奥さんがミリアム。この二人があたしたちの実の父さん、母さんです。そうそう、ミリアムっていう名前はとっても多いのよ。ヨセフ父さんの奥さんもミリアム、イツハク父さんの奥さんもミリアム。この村にはなんだかんだでざっと二十人ぐらいのミリアムがいるわ。まぎらわしいわね。

あたしがまだヨチヨチ歩き、末のデボラが生まれて間もないころ、村でひどい病気がはやりました。病気って、ほら、荒れ野にうろついている悪霊が人に取り憑《つ》いてなるんです。その中で一番たちが悪いのがレギオンっていう魔物なんです。目には見えないけれど、山羊が人間みたいに立ち上がっているような姿をしているんですって。頭には角が生えていて、体中真っ黒な毛におおわれていて、しっぽは蛇なんですって。口からはときどき火を吹き出したりするみたいね。こわいわ！

レギオンっていう言葉はもともとあのがらの悪い、赤マントのローマ兵軍団のことです。つまり一匹の魔物じゃなくて、何百匹もの魔物の群れなのね。それが村里を襲うんです。人の体の中に入り込んで、内臓を食い散らかして、血をすするんですって。すると人はひどく苦しんで、高い熱をだして、ゼホゼホと咳《せき》と痰《たん》に苦しんで、体中が痛みます。魔物は何日かして満腹すると出て行きます。それで病気が治るのですが、運悪く大食らいの魔物が何匹も取り憑いたりすると人は死んでしまうんです。

レギオンは何年かに一度村を襲いますが、あの年はひどかったそうよ。村の半分が病気になって、たくさんの人が死にました。あたしのほんとの父さんと母さんもそのときに死んだのです。

ヨセフとイツハク、この仲良し兄弟の家は隣同士で、一軒の家みたいにくっついています。ですから二つの家族は一つの家族みたいでした。正確にいえばイェシュー兄さんはあたしには従兄《いとこ》ですけど、一緒に仲良く育ったので、だれがどっちの家の子かなんて全然気にしなくて、食べるときも寝るときもごちゃごちゃ、区別のない兄弟でした。近所の人たちも、どれがヨセフの子でどれがイツハクの子か、よくわからなかったみたいです。あたしはやさしいイェシュー兄さんにおんぶされるのが大好きでした。

そんな二つの家族でしたから、イツハクとその妻のミリアムが死んだ後もヨセフは自然にあたしたちを自分の子供として引き受けました。幼かったあたしやデボラは実の父や母のことをまるで覚えていません。だから、父さん母さんっていえば自然とヨセフ父さんとミリアム母さんのことです。

二十五　びくびくするな！

イエスはしばしば人々の信仰の薄いことを嘆き、叱りつけています。弟子たちは湖《うみ》の上でよく怒られました。

イエスは言われた。「なぜ怖がるのか。**信仰の薄い者たちよ。**」そして、起き上がって風と湖とをお叱りになると、すっかり凪になった。

（マタイ八・二六／新共同訳）

イエスと弟子たちが船でガリラヤ湖を渡っていました。いきなり大時化《しけ》となり、船は荒波に揉《も》まれ、沈みそうです。ところがイエスは艫《とも》のほうでグーグー眠っていました。彼は山里ナザレの百姓大工。湖のことはよく知りません。一方弟子たちの多くは漁師ですから湖のことを知り尽くしています。こいつらに任せておけば心配はないと、無知なイエスは安心しきって、嵐のさなかに高鼾《たかいびき》。でも、プロであるからこそ弟子たちには事態の深刻さがよくわかる。溺れる者は藁をもつかむ。恐怖に震えて、のんきに寝ているイエスを揺り起こし、助けを求めました。彼らはイエスに取りすがって叫びます。

「旦那、助けてください。おぼれそうです！」

そのありさまにイェシューは舌打ちします。

「何だ、こいつらのみっともない怯《おび》えようは。これが勇猛をもって鳴るガリラヤの男どもか。情けない。少しはましだと思って目をかけているのに、まったく頼りにならねえ連中だ！」

こんなとき、気仙の船頭ならこう言います。

「心配するな。まかせておけ！」

揺れる船にすっくと立ちあがったイエスが、弟子どもと波と風とを叱りつけます。すると、あら、不思議。嵐はぴたりとしずまった！

弟子たちがイエスを神さまだなどと露ほども思っていなかったことは、このときの彼らの言葉でわかります。

「いったい、この方はどういう方なのだろう。風や湖さえも従うではないか」

イエスが腹を立てているのは、弟子どもの「信仰のありよう」ではありません。あてにならない、頼りにならない連中だと、怒っているのです。「信仰の薄い者たちよ」というのは見当はずれです。

ここに出てくる「信仰の薄い者」はギリシャ語の形容詞オリゴピストスの訳です。オリゴという接頭素は「少ない」という意味、ピストスは「信頼」を意味するピスティスの形容詞形です。オリゴピストスは「ピスティスが少ない」ということです。

ここで注意すべきことがあります。形容詞ピストスには二重の意味があるのです。つまり「(相手がその人にとって)信頼・信用できる」という意味と「(その人が相手を)信ずる、信頼する」という意味です。

これはなかなかおもしろいことです。信頼関係というものは双方向的です。甲が乙を信頼すれば、乙も甲を信頼する。甲が乙を信頼しなければ、乙も甲を信頼できなくなる。甲が乙を信頼しているのに、乙は甲を信頼していない関係は決して長続きしません。ピストスというのはそういう相互信頼関係を言います。人と人との関係もそうですが、神さまと人との関係も同じことです。あなたが神さまに全幅の信頼を寄せれば、神さまもあなたを深く信頼してくださる。あなたが神さまを信頼しなければ、神さまもそんなあなたを信頼はなさらない。

イエスは弟子たちのうろたえぶりから、彼らをオリゴピストスだと言いました。それは「俺を信頼しないのか」という意味でもあり、また「オロオロして頼りにならないやつだ、頼りがいのないやつだ」という意味でもあります。

ここに挙げたオリゴピストスの例はその状況からして「頼りがいがない」という意味でしょう。これには、イエスのやさしさもこめられています。「信仰の薄い者」という表現は相手を非難・叱責《しっせき》する冷たい言葉ですが、「頼りがいがない」という表現には、「俺はお前たちをとても頼りに思っているんだぜ。それなのに……」という人情味がこもっているからです。

イェシューが死んで、弟子たちが都の隠れ家でふるえていたときに、復活したイエスが現われました。みんなは驚き喜びましたが、たまたまそこに居合わせなかったトマはどうしても信じませんでした。イエスの復活を信じなかったトマは、喜びに夢中になっている仲間からも浮きあがり、恐怖と心痛でビクビク、オドオドしていたことでしょう。八日後にイエスが現われたときに、トマもそこにいました。そのトマに向かってイエスは「アピストスではなく、ピストスになれ」と言っています。『新共同訳』では「信じない者でなく、信じる者になりなさい」と訳されていますが、わたしはここをこう訳します。

「オロオロして心《こゴろァ》がグラめってる情《なさ》げねァ者でいるのばいい加減やめろぜァ。デーンと構えで見るがらに頼もしい者になっていろ！」

（ヨハネ二〇・二七／ガリラヤのイェシュー）

二十六　憑《つ》き物《もの》

悪魔、悪霊《あくりょう》、サタン、ベルゼブルと呼び方はいろいろですが、悪魔も聖書では大活躍しています。人生における不条理な不幸はたいてい悪霊の仕業であると考えられました。物陰から常に心の闇を伺い、人に取り憑《つ》いてその魂を喰らい、破滅させる魔物です。

聖書の時代、病気はたいていこれらの悪霊がその人に取り憑いたためだと考えられていました。現在ならそれらの悪霊はA香港型インフルエンザとか、麻疹《はしか》とか、マラリアとかという名前を与えられて、その正体があばかれ、多くのものは有効な対処法が確立しているわけですが、当時の人知はそこまでは及んでいません。

その悪霊を払うために、人はあらゆる技術を考え出しました。とは言え、予防注射も、ろくな薬もないし、注射、点滴など夢にも考えられません。取り憑いている悪霊を怒鳴りつけて脅しあげ、その威力で追い払うのです。「サタン、退け！」という大喝はかなり有効だと思われていたらしい。そのほか、特殊な言葉や所作に悪霊を追いだす力があることが「発見」されていて、これを「まじない」と称します。土に唾を吐いて泥をこね、盲人の瞼に塗りつけると、視力が回復する。難聴の人の耳の孔に指を突っこむと、聞こえるようになる。指先に自分の唾をつけて、患者の舌に塗りつけると、言語障害者がしゃべりだす。相手の頭の上にまじない師の両手をかざすと、悪霊が逃げだす。

イエスの時代から四百年ぐらい前にヒポクラテスというギリシャ人の名医がいました。人体は火、水、空気、土の四元素で構成され、これに対応する血液、粘液、黄胆汁、黒胆汁という体液のつりあいによって健康が左右されると考えました。別に大した根拠はないのです。病気そのものと症状とを区別し、病的状態から回復しようとする力をフィシスと呼んで、「病を癒すものは自然である」と断じました。彼はいくら食べても痩せてゆく多尿の患者の尿にアリが寄ってくることを見て、自分でもこれをなめてみたら異常に甘いことに気づき、糖尿病という病気を発見しました。

古い文明を誇るエジプト人もなかなか医学に通じていました。死体を永久保存する技は大したものです。さまざまの薬草を駆使する高度の技術を持っていました。油にさまざまの薬草成分を溶かし、これを全身に塗るという治療法がよく行なわれていました。

イエスの時代にもこうした古代的な医術はありましたが、それは金持ちや貴族のもので、ガリラヤの農民には縁のないものでした。それで彼らは民間のおまじない療法に頼るしか手がなかったのです。そんなまじない師がたくさんいました。彼らは村々町々をへめぐりながら、怪しげなまじないをしてその謝礼で細々と生きている連中でした。で、わがイエスも事実上そうしたまじない師の一人でもあったのです。ファリサイ派の諸君もこうしたおまじない医療をやっていたらしい。

イエスのおまじないは驚異的な効き目があったようです。盲人は見えるようになる。聾唖《ろうあ》者は聞こえるようになり、しゃべりだす。足の立たない人は歩きだす。熱病はさわっただけでよくなる。寝たきりの中風患者は寝床をかついで歩きだす。慢性月経過多症に悩む女は彼の着物の縁飾りにさわっただけで治る。ハンセン病もペロリと治る。癲癇《てんかん》も治る。精神病も一声で治る。次第にエスカレートして、やがては遠隔地にいる病人でも、遠くから「治れ」と言っただけで治してしまう。ついには死人まで生き返った！

話はますますふくれあがります。たくさんの悪霊に取り憑かれて狂いまわる男を一喝したら、悪霊どもが逃げだして、なんと二千匹の豚の群れに取り憑き、豚は発狂してみんな崖から飛び下りて、ガリラヤ湖に投身自殺してしまった！　二千匹の豚の腐乱死体が浮かぶガリラヤ湖の環境汚染は惨憺《さんたん》たるものだったことでしょう。

その時の悪霊の名前がおもしろい。イエスが「お前はだれだ」と尋ねたら、「レギオン」と答えました。これはローマ帝国の四千二百〜六千人の兵士からなる軍団のことです。恐るべきローマ軍団の威力をいやというほど味わっていた当時のユダヤ人たちにとって、実にまがまがしい名前です。このこわ〜い名前を適切に訳す言葉がないので、「鬼千匹《おにせんびき》」という名前を進呈しました。

イエスの評判が高くなって、まわりには常に群衆がひしめき、病人がかつぎこまれて、飯を食う暇もないほど忙しかったと、聖書には書いてあります。弟子もたくさん集まりました。商売敵の同業者たちの中にはイエスの盛名に便乗するやつも現われました。イエスの名を言っただけで大した効き目があって、あちこちではやったらしい。すくカッと頭に血がのぼるので、イエスから「雷坊主」という変なあだ名をつけられている荒くれ漁師のヨハネがこれを摘発して、血相変えて怒鳴りつけた。でもイエスはおおらかです。「ほっとけ、ほっとけ」と笑っています。

ところが弟子たちの目には頭の痛いことが起き始めました。師匠の言葉が次第に奇妙な過激性を帯びるようになってきて、民衆が尊敬する指導者ファリサイの旦那衆とイエスの仲が険悪になってきたのです。お堅い律法学者の先生がたはイエスが自由奔放に賤しいアム・ハアレツ（底辺の民衆）どもとつきあい、徴税吏どもを友だち扱いにし、売春婦までも仲間にして、神聖な掟《おきて》に抵触《ていしょく》することにも平気なのを見て、眉をひそめだしたのです。

「あの者の言うことは鳥肌が立つような破戒と冒瀆の教説だ。本当に憑《つ》き物《もの》がついているのは、実はあいつではないのか。それも憑き物の大王ベルゼブルに違いない。やつは聖なる掟を壊して、民族を破滅に追いこむ悪魔の大王だ！」

こうして破局がジワリと迫ってきたのでした。

二十七　地上の罪

イエスがある家で病人を治したり、説教したりしていました。長年、中風で体の動かない人を四人の男がかつぎこみました。人が多くてそばにも寄れません。そこで乱暴にも屋根に穴を開けて吊りおろしたそうです。その姿に気をよくしてイエスが言います。「子よ、あなたの罪は赦される。（マタイ九・二／マルコ二・五／ルカ五・二〇／新共同訳）」

するとと律法学者が「この男は神さまを冒瀆している」と思いました。するとイエスが

「**人の子が地上で罪を赦す権威を持っている**ことを知らせよう」

（マタイ九・六／マルコ二・一〇／ルカ五・二四／新共同訳）

と言って、その中風の人を治してやりました。

当時の人は病気や不幸はすべて罪の結果、天罰だと考えていました。で、この人は病苦に加え穢《けが》れ人として扱われる辛さをも忍ばなければならなかったのです。天罰を招いた罪を赦す権限は人にはありません。だから、律法学者はこの言葉を冒瀆だとしたのです。

イエスのこの言葉はどういう意味でしょう。なお「人の子」とはイエスの自称です。
このせりふは『新共同訳』ではマタイ・マルコ・ルカに共通しています。ところが、ギリシャ語の原典を見ると使われている単語は同じなのに語順が違います。それぞれの単語あるいは文節を直訳しギリシャ語の語順で並べてみます。

【マルコ】　権威を／持つ／人の子が／赦すために／罪を／地の上（で・の）
【マタイ】　権威を／持つ／人の子が／地の上（で・の）／赦すために／罪を
【ルカ】　人の子が／権威を／持つ／地の上（で・の）／赦すために／罪を

「地の上」は副詞句としては「地の上で」、形容詞句とすると「地の上の」の意味になります。この修飾句を省くと、基本的な意味は次のようになります。

罪を／赦すために／人の子が／権威を／持つ

修飾句「**地の上**（で・の）」はこの五つの要素のどれにでもかかり得ます。

①**地の上の**罪を／赦すために／人の子が／権威を／持つ
②罪を／**地の上で**赦すために／人の子が／権威を／持つ
③罪を／赦すために／**地の上の**人の子が／権威を／持つ
④罪を／赦すために／人の子が／**地の上の**権威を／持つ
⑤罪を／赦すために／人の子が／権威を／**地の上で**持つ

修飾句は直近の文節を修飾すると取るのが最も自然です。するとこうなります。

【マルコ】①**地の上の罪を**赦すために権威を人の子が持つ。
【マタイ】③罪を赦すために権威を**地の上の人の子が**持つ。
【ルカ】⑤罪を赦すために権威を人の子が**地の上で持つ**。

マタイの「地の上の人の子」という表現はイエスが神さまから遣わされて天上から地上に降り立って来た存在であるという意味合いが読み取れます。ルカでも天から降臨した人の子がその権威を地上で行使するという意味合いになります。

ところが『マルコ』の場合は異質で、「地の上の罪」が天では罪とはされていないのに、世間が勝手に思いこんでいる罪という解釈が可能です。この場合は「病気の原因となっていると世間が考えている（ありもしない）罪」のことになります。一方、イエスは他の箇所で罪と災難は関係がないと明言しています（ルカ一三・一～五）。

もともとない罪を赦す（アフィエーミ）必要はありません。これは本来「ないとする」という意味ですから、「そんなものはない」と言っていることになります。

エクスーシアー（権威）とは「あることをする自由」です。つまり「《人の子》としての俺は、だれにも強制されない俺自身の自由な考えと意志と責任において、世間が勝手にでっちあげた（天罰を招いたとされる）罪なるものについて、そんなものはもともとないのだと、はっきりお前さんたちに教えておこう」と言ったことになります。

「イエスは神だ」と人がはっきり信じるようになったのはイエスの死後です。最古の福音史家マルコが採集した伝承には、この信念が確立する以前の、イエスのなまの発言の記憶がこのような形で残っていたのかもしれません。マタイやルカはその神学的な考察と学識から「神であるイエス」の観点で、この素朴でどうにでも取れるようなへたなギリシャ語を校正し、語順を変更して彼らの神学を正確に表現しようとしたのかもしれません。

でも、天罰を招いたという「地の上の罪」を真っ向から否定する、マルコの伝えたこの言葉は、イエスの真骨頂のようにわたしには思われてなりません。

二十八　心を空っぽに

だから、天の国のことを学んだ学者は皆、自分の倉から新しいものと古いものとを**取り出す**一家の主人に似ている。

（マタイ一三・五二／新共同訳）


これはわたしにとってよくわからない箇所でした。「学者」とはグランマテウス。他の箇所ではすべて律法学者と訳しているのに、ここだけはなぜか学者です。「自分の倉、新しいもの、古いもの」とは何か。何のために「取り出す」のか。わかりませんでした。

『バルバロ訳』の解説によると、キリストの弟子になったユダヤの学者は「新約」で豊かにされ完成された「旧約」の財宝を所有し、管理しているようなもので、キリストの弟子となったこの人々は、マタイの理想とする人物だとあります。『フランシスコ会訳』の解説も、「新しいもの」はキリストの教え、「古いもの」は尊重すべきユダヤの伝統だとし、さらにこの節は著者自身についての簡略な記述だろうとします。もしそうなら、マタイは自分をほめるせりふをイエスに言わせているわけで、何とも図々しい御仁《ごじん》だ！

ギリシャ語の原文を繰り返し眺めるうちに、どうも従来の訳は変だと思うようになりました。動詞エクバッローを「取り出す」と訳すのは正しいのでしょうか。

日本語の「取る」は「必要のある物をもとの場所から移動して、一時自分の手の中に収める」こと。「出す」は「内部や見えない場所から、外部やみんなに見えるところへ移す」ことです（新明解国語辞典）。つまり、ある容器（範囲）の中の物を、容器の外にいる人が自分の必要のためにその容器の外側にある自分の支配領域に移動させることで、その後の容器の内部については関心がなく、取り出したものの使途に関心があるのです。壺からあめ玉を取り出すのはなめるためです。

エクバッローのエクは「①除去、離れて。②起源、出所。③完成、まったく」を意味する接頭素、バッローが「投げる」こと。だからエクバッローは「放り出す」意味です。行為者はある容器（範囲）の内部にいて、そこが彼の支配領域です。その内部にある物を外部の、彼の支配領域の外へ移動させる。その際、移動させた物の行く末については関心がなく、その後の容器の内部の状態に関心がある。

「取り出す」とエクバッローは「容器の内部から外部へ物を移動させる」点では同じですが、行為者がその容器の外にいるか、内にいるかが違ってお

取り出す

エクバッロー（放り出す）

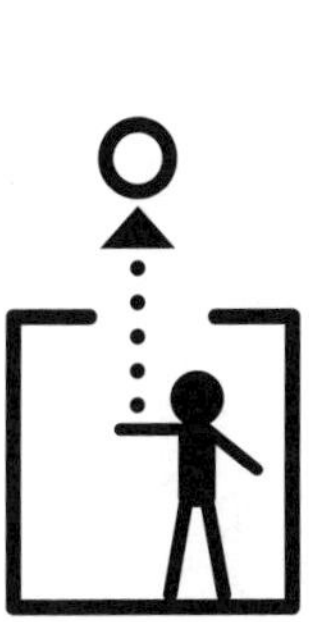

り、物の移動が自分の方に向かってくるのか、遠ざかるのかの違いがあります。

ギリシャ語新約聖書の中にエクバッローは八十一箇。

一番多いのは「悪魔をエクバッローする」話、三十六例。治療者が患者と疑似的に一体化し、その心の中に入りこんで、そこに巣くうよこしまなもの（悪霊）を外へ放り出す（マタイ八・一六）。「財布からお金をエクバッローする」というのもあります（ルカ一〇・三五）。何か「身銭を切る」感覚が読み取れますね。「派遣する」意味にも使われます。自分の支配領域である本部から部下をその外に出してやるのです。「釈放する」（使徒言行録一六・三七）では、自己の支配する牢獄から囚人を外へ放してやるのです。「除外する」（黙示録一一・二）も、ある行動の範囲からそれを外すことです。

「難破しそうになった船から積み荷の穀物を海にエクバッローする」（使徒言行録二七・三八）はまさに「放り出す」です。これを「取り出す」としたら、取り出す人は荒れ狂う海にいることになります。放り出す人は船の中におり、その後の船の状態＝軽くなる＝に関心があって、捨てた積み荷のゆくえに関心はありません。「すべて口に入るものは腹を通って外にエクバッローされる」（マタイ一五・一七）というのもあります。つまりウンコとして排泄される。排泄した後のおなかはすっきりして気持ちがいい。出したウンコの行く末になど関心はない。もしこれが「取り出す」だったら、ひどい便秘に苦しむ人の肛門に指を突っこんで石のように固くなったウンコをほじくり出す意味になります。

ですから、問題の箇所は結局次のような意味だと思われます。

そういうわけだからな、神さまのお取り仕切りに身を委《ゆだ》ねようと弟子入りした掟語り《おきてかた》というのは、すべて、たとえば、ある家の旦那《だんな》が自分の倉から新しいものも古いものも一切合財《いッさいガッさい》ポンポンと放り出して、倉を奇麗サッパリ空っぽにするというようなもんだ。

（マタイ一三・五二／ガリラヤのイェシュー）

律法学者の心の中にはユダヤ教の教えがギッシリ詰まっている。古いものとはモーセ五書、新しいものとはファリサイ派の作り上げた膨大な掟の数々。こんなものがギッシリ詰まっていてはイエスの教えを入れる余地がない。そこで彼は「新しいものも古いものも」一切合財外へ放り出す。

エクバッローを使った文の関心は、その後の入れ物内の状態についてです。ファリサイ的なものを新旧全部投げ捨てた律法学者の心は、スッキリして、神さまのお取り仕切りに身をゆだねるための、幼子のような素直《すなお》さに戻るというわけです。

二十九　隠された宝

なぜエクバッローが「取り出す」と訳されたのでしょう。

手元にあるいろいろな聖書でマタイ十三章五十二節を調べてみました。『ラゲ訳』では「出《いだ》す」。これは「容器の内部から外部へ物を移動させる」意味で、行為者から見た物の移動の方向性は問われていないからやや曖昧です。『バルバロ訳』でも「出《だ》す」。でもその解説はエクバッローした物に関し「所有し、管理する」という説明をしているので、「取り出す」意味に理解しているようです。『フランシスコ会訳』では「取り出す」。

外国語の訳もみました。英語の Good News New Testament Today's English Version では〈take out of〉、Holy Bible New Revised Standard Version では〈bring out〉。フランス語の Le Nouveau Testament illustré en français courant では〈tirer〉。イタリア語の Parola del Signore, La Bibbia in lingua corrente では〈tirare〉。スペイン語の Dios Habla Hoy, La Biblia versión popular では〈sacar〉。ドイツ語の Die Bibel Luther-Übersetzung では〈verhorholen〉。わが家の家宝、革表紙のラテン語イタリア語対訳聖書 I Santi Evangeli / Milano, 1890 のラテン語では〈profero〉。これらはすべて「取り出す」です。わたしの訳は実に旗色が悪い。

どうしてこういうことになるのでしょう。この箇所を繰り返して読んでいるうちに気がつきました。これは前後関係にこそ注意すべきなのでした。

改めて、マタイ十三章四十四～五十二節（新共同訳）を見てみましょう。

① 天の国はつぎのようにたとえられる。畑に宝が隠されている。見つけた人は、そのまま隠しておき、喜びながら帰り、持ち物をすっかり売り払って、その畑を買う。

② また、天の国は次のようにたとえられる。商人が良い真珠を探している。高価な真珠を一つ見つけると、出かけて行って持ち物をすっかり売り払い、それを買う。

③ また、天の国は次のようにたとえられる。網が湖に投げ降ろされ、いろいろな魚を集める。網がいっぱいになると、人々は岸に引き上げ、座って、良いものは器に入れ、悪いものは投げ捨てる。世の終わりにもそうなる。天使たちが来て、正しい人々の中にいる悪い者どもをより分け、燃え盛る炉の中に投げこむのである。悪い者どもは、そこで泣きわめいて歯ぎしりするだろう。

④ あなたがたは、これらのことがみな分かったか。」弟子たちは「分かりました」と言った。そこで、イエスは言われた。「だから、天の国のことを学んだ学者は皆、自分の倉から新しいものと古いものを取り出す一家の主人に似ている。

「天の国」について「畑の宝」「高価な真珠」「魚の選別」「倉の話」という四つのたとえ話が載っています。

「畑の宝」と「高価な真珠」の話はその構造がそっくりです。「宝物」を発見した人が持ち物を全部売り払って、その宝物を手に入れます。ところが三番目の「魚の選別」はこれとはまるっきり違い、世の終わりの審判の話になります。人間は天使の網に一網打尽にされて選別され、悪者は火の燃える炉に投げこまれるという凄惨《せいさん》な話です。

「倉の話」は「畑の宝」「高価な真珠」と同じ構造です。イエスの教えという宝を手に入れようとする律法学者が、自分の心の倉にギッシリ詰まっている一切合財《いっさいがっさい》を放り出す。彼をがんじがらめにしているユダヤ教の煩瑣《はんさ》な教えをみんな投げ捨ててしまうのです。宝（イエスの言葉）を入れるためです。「畑の宝」と「高価な真珠」では「売り払う」であった動詞がここでは「一切合財放り出す」になっています。行為としてはよく似ています。売り払った代償に得たものは宝を買うためのお金、放り出した代償として得たものはイエスの言葉を入れる心のゆとり。どちらも宝を手に入れるためにぜひ必要なものです。

おそらく、「畑の宝」と「高価な真珠」と「倉の話」とは三つ一組の「宝物シリーズ」だったのです。ところが、何を間違ったのか、マタイが編集の過程でこの三つの中に、本来は世の終わりの審判の箇所に入れるべき異質な話を挿入してしまった。当然「宝物シリーズ」はこれで中断され、読者の頭は切り替わって、天使の漁網から取り出されて地獄に放りこまれる罪人の阿鼻叫喚《あびきょうかん》でいっぱいになります。

そんな心で「倉の話」を読んだら、天使が漁網から善人と悪人を「取り出す」のと、倉から新しいものと古いものとをエクバッローするのが重なり合います。

かくして原文ではちゃんとエクバッロー（放り出す）とあるのに、まずこれをラテン語に訳した古代の学者（ヒエロニムス）がprofero（取り出す）と訳してしまった。ラテン語訳はカトリック教会の権威によって「準原典」的地位を与えられました。そして連綿と約二千年、このエクバッローは「取り出す」と訳され続けてきたのだと思われます。

権威というものは恐ろしいものです。標準語の権威から自由になって、徹底的にケセン語の真実を追究し、世間さまに通じる言葉で訳そうとすれば、思いもかけなかったことが見えてきます。これまで教会の権威の下で固定観念化されてきた「新しいものも古いものも」一度すっかり投げ捨てて、心の倉を空っぽにする必要がありそうです。

三十　鳩のように素直に

イエスは十二人の高弟を周辺の村々、町々に派遣しました（マタイ一〇・五〜三三）。そのとき彼らにアポストロス（聖書では使徒と訳されています）という称号を与えました。実はこれは「遠征艦隊司令官」のことです。こんなすごい称号を与えられた田舎者たちは舞いあがるような気分で、張りきったに違いありません！　イエスの茶目っ気が楽しい。

イエスはこの「遠征艦隊」の出発に際して、こまごまと注意を与えています。「病人を治し、死人を生き返らせ、悪霊を追いだせ」というのです。彼らは特訓の成果を発揮し、例のおまじないであらゆる病気を治し、何と、死んだ人まで生き返らせたらしい。少々オーバーな気もしますが、まじない師イエスの名はガリラヤ中に鳴り響き、大評判だったので、「本物」直接ではなくても、その高弟だということで絶大な暗示効果が期待されたのでしょう。こうしてたくさんの群衆が集まったところで、「神さまのお取り仕切りについての《よきたより》」を語って聞かせるのが目的でした。つまり、彼らのおまじない医術は人寄せの戦術としてたいそう有効だったということです。

余談ですが、イエスはこのおまじない医術によって病人が治ると、決まって「このことは他言無用だぞ」ときつく口止めしました。実に巧みな高等戦術ですね。人の性《さが》、「だれにも言うな」と言われたことはあっという間に広がるものです。

ところで他の福音書にはありませんが、『マタイ』によるとイエスは弟子たちの出発にあたり、「異邦人の町やサマリア人の町へは行くな」と言っています。

当時、ユダヤ人は異民族をさげすみ、彼らと接触すると穢《けが》れると信じていたし、サマリア人に対してはことのほか憎しみが強く、全くつきあおうとしませんでした。イエスの高弟といえども、その成熟度は赤児同然で、異邦人やサマリア人の町へ入っていく度胸もなければ、そこで引き起こされるであろう悶着《もんちゃく》を処理する能力もなかったので、賢明なイエスがトラブル防止のために予防線を張ったのでしょう。イエスもなかなかしたたかです。

出発に際しては、鐚一文《びたいちもん》の銭も持つな、着替えも持つなと、徹底的な乞食行脚《あんぎゃ》を命じています。おまじない医療の実入りが十分期待できるので、飢え死にすることはあるまいと踏んだのでしょう。それに目的が「神さまのお取り仕切り」を告げることにあり、金もうけではありません。金銭への誘惑については断固たる姿勢が必要でした。目指す村に行ったら、「ふさわしい人」を注意深く調べて、そこに滞在しろと言っています。この「ふさわしい人」には「草鞋《わらじ》脱ぎ場」という言葉をあてました。

気仙のような僻遠の地にはよくあったことで、落ち武者とか食い詰めた旅人などがやって来て、親切な村人の家に寄留させてもらい、そこで客分として働きながら力を蓄え、やがて独立して一家を構えて土着する。この寄留先を「草鞋脱ぎ場」といい、末代までも本家同様に敬意を表わすしきたりです。

イエスは、弟子たちに「草鞋脱ぎ場にいいような立派な旦那のいる家」を探して、そこに逗留《とうりゅう》しろと言います。ただし、その村を離れるまでは、決して他の家へ移ったりしてはならないと厳命してもいます。それは最初の旦那に対して失礼であり、「俺の家よりあいつの家の方が待遇がいいのか」などと言われて、喧嘩のもとになるからです。たぶん苦い経験があったのでしょう。現場で苦労した人でないと、なかなか言えないことです。

彼らを受け入れてくれない村から出てゆくときには、村人の目の前で、足の裏の埃《ほこり》を叩き落とせと言います。「ああ、汚ねえ、汚ねえ。てめえらの小汚ねえ足で踏んだと同じ土を踏んだかと思うと、こっちの身まで穢れるわい」と言って、これ見よがしに足の裏の土ぼこりをパタパタはたき落せというのです。

何とも洗練されない、泥臭い、どさ回りのまじない師見習いが、腹いせの嫌がらせにやりそうなことで、思わず笑ってしまいます。生活臭がにじみ出ていますね。でも、弟子どもには、このぐらいがちょうど似合っていたのでしょう。「俺たちは受け入れられなかった」としょぼくれているよりは、景気よく「悪いのはてめえらだ」と啖呵《たんか》を切らせておくほうが精神衛生にはよいだろうと、イエスはしたたかに計算したに違いありません。

イエスには敵が多い。特にファリサイ衆はイエスを目の敵《かたき》にし始めました。そのうち殺されるかもなと、イエスは予感していました。当然、弟子たちも標的にされます。自分亡き後は彼らに「神さまのお取り仕切り」運動をゆだねなければなりません。今のうちに特訓しておかなければと、イエスは考えたはずです。

「俺がお前たちをやるのは、狼の群れの中に羊を放してやるようなものだ」とイエスは言いました。『新共同訳』ではここを「だから、蛇のように賢く、鳩のように素直《すなお》になりなさい。人々に警戒しなさい」(マタイ一〇・一六)としています。フロニモス(思慮深い)でアケライオス(純真・無邪気な)にしていろという。

人の言うことに疑いを持たず、従順に受け入れる人のことを素直だと言いますが、「素直になれ」と「人々に警戒しなさい」とでは正反対。まるで矛盾した言い草ですね。

これは「素直になれ」ではなく「純真可憐なかわいこちゃんにしていろ」ということでしょう。鬼千匹の敵の中で身を守るために、決して人に気を許さず、狡猾《こうかつ》に振るまい、表面上は「かわいこちゃん」を装って、相手に警戒心を起こさせるなと、このひげ面の男どもに言っているのです。したたか者ですな、イエスは。

三十二　たとえ話

イエスはたとえ話の名人です。寸言《すんげん》人の魂を貫くすばらしいたとえ話で、人生の真実を伝え、神さまの胸のうちを語ります。しかもそのたとえ話は、当時のガリラヤ農民の日常生活に密着した題材で、極めて具体性に富み、誰の心にもまっすぐに届きます。抽象的な理論や、神学的な考察や、哲学用語の羅列などは全く見られません。その言葉は常に平易なガリラヤ農民のものであり、神殿の奥深く、象牙の塔にこもって万巻の書をひもとく律法学者たちの深遠な議論ではありません。たぶん、その中の多くはイエスが実際に体験したことでありましょう。

迷った一匹の羊を探すために、あとの九十九匹を後に残して、無我夢中で山中をさまよう羊飼いの姿（ルカ一五・四〜七）は、ひょっとしたら、少年時代、村の羊飼いの旦那のところでアルバイトをしていた彼自身の姿ではないでしょうか。あまりに情愛が濃すぎて、冷静なそろばんが置けず、ほかの九十九匹をおいてけぼりにするという非常識な姿から、神さまの激しく強い情愛を示しているのですが、おそらくこのアルバイトの羊飼い少年イエスはあとで大人たちからこっぴどく叱られたことでしょう。

虎の子の銀貨一枚をなくしたために一日中家の中を大掃除して蚤取り眼《のみとりまなこ》で探し回る女の姿（ルカ一五・八〜七〇）は、ある日の母マリアの姿だったに違いありませんね。

種まく人のたとえ話も、ガリラヤの農民の日常の姿です。彼らの農業は実に粗放です。この辺を畑にしようと思うあたりの地面にまず種をばらまきます。それから鋤《すき》でその地面を耕して、種と土とを混ぜます。日本人のように、最初に畑を耕し、畝《うね》を作り、そこに肥やしをまいて、一粒一粒種を置いてゆくという丁寧なやり方ではありません。だから、ある種は石ころだらけの地面に落ち、ある種は藪の中に落ち、ある種は道端に落ちます（マタイ一三・三〜九）。イエスの実体験が活き活きと描写されています。

「俺の作る軛《くびき》は背負いやすい」（マタイ一一・二〇）というイエスの言葉には、腕のいい大工職人だったときに、彼の製作した軛《くびき》の使いよさを村人からほめられた思い出がこめられていることでしょう。家と基礎の話（マタイ七・二四〜二七）もいかにも大工のしそうなたとえ話です。

たとえ話というものは、無学な者でも人生の真実がすなおにわかるように、難しい表現を避けて、具体的な事例の中から真実を示すためにするものです。

ところで、種まきのたとえ話の後で、弟子たちがイエスのそばに来て、「どうして、あの連中にはたとえで話をするんです？」と尋ねました。するとイエスはこう答えました。

「あなたがたには天の国の秘密を悟ることが許されているが、あの人たちには許されていないからである。持っている人は更に与えられて豊かになるが、持っていない人は持っているものまで取り上げられる。だから、彼らにはたとえを用いて話すのだ。見ても見ず、聞いても聞かず、理解できないからである」

（マタイ一三・一一～一三／新共同訳）

「あなたがたには天の国の秘密を悟ることが許されているが、あの人たちには許されていない」というのは、「お前たちは素直《すなお》に俺のいうことを理解するが、あいつらときたら、本当にわからず屋だ」というあきれ返った気持ちを表わす聖書独特の表現法です。あきれ返ったような出来事、理解困難な出来事をみんな神さまのせいにしてしまうのです。ほら、英語でもGod knows.（神さまが御存知だ）というのは、「わたしにわかるものか！」という強い否定の意味になりますね。あれと同じです。そういうわからず屋のためにイエスは卑近な例を持ちだし、噛んで含めるようにして「神さまのお取り仕切り」の素晴らしさを語っているのです。

「持っている人は更に与えられて豊かになるが、持っていない人は持っているものまで取り上げられる」という文で「持っている」というのは「神さまのお取り仕切りに対するよき理解とそれを受け入れる心」のことでしょう。そこでこのところはこのように訳しました。

つまりさ、お前たちは、有り難いことに神さまのお取り仕切りの深い心をよくわからせていただいている。けれども、あの人たちはまだわからせていただいていないからなのだ。神さまのお心がわかり始めると、その素晴らしさに引かれて、ますますわかるようになり、やがてその心は本当に豊かになる。しかし、わからないままに打ち捨てておくと、わかっていることまでもわからなくなって、ますます闇に沈み込む。だからあの人たちには、わかり易く、たとえで話して聞かせているのだ。見ても見ないし、聞いても聞かないし、一向《いっこう》にわけがわからないからだ。（ガリラヤのイェシュー）

三十二　針の穴

金持ちが天国に入るのは非常に難しいとイエスは言います。彼はどうも金持ちが嫌いだったみたいです。有名な言葉があります。

金持ちが神の国に入るよりも、らくだが針の穴を通るほうがまだ易しい。
（マルコ一〇・二五／新共同訳）

ここのところを訳そうとして、行き詰まりました。この「針のアナ」とは何のことでしょう。わたしの感覚では針であけた小さな穴、針穴《はりあな》のことと思われますが、それでいいのでしょうか。なぜなら「針のアナ」という表現が示すものには二つの場合があるからです。

①針孔（めど）／針の頭にある、糸を通すための小さな孔《あな》。
②針穴（はりあな）／針で突いてあけた穴。針穴写真機の針穴はこれ。

「釘の穴」とは釘であけた穴のことです。釘穴も同じ。「錐《きり》の穴」とか「錐穴」は、錐であけた穴のこと。釘にも錐《きり》にもそれ自体に孔はないから、間違うことがありません。

「耳の孔」とか「鼻の孔」といったら、これは耳あるいは鼻そのものに備わっている孔のことで、耳や鼻を障子紙に押しつけてあけた穴のことだとは誰も思いません。耳も鼻も物に穴をあける道具ではないからです。ここでも意味は一つだけです。

ところが「針のアナ」はまぎらわしい。針自体に糸を通すための針孔《めど》（ケセン語ではハリミヂといいます）という孔がついているし、針というのは布などに穴をあけて糸を通すための道具だからです。「針のアナ」にはまったく異なる二つの意味が可能です。

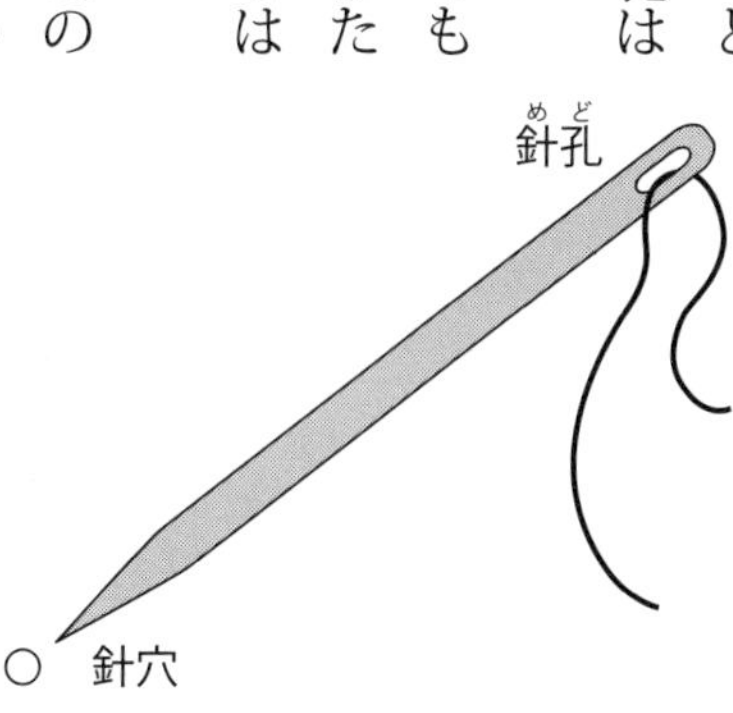

そこで試しに、わたしの身近な御婦人たちに片端から「針のアナとはどれか」と尋ねてみました。絵を描いて、針穴のことか、針孔《めど》のことかを尋ねてみたのです。すると十六人が針穴の絵を指さし、十二人が針孔《めど》の絵を指さし、一人が両方だと答えました。四対三で針穴派が優勢ですが、「針のアナ」を針孔《めど》のことだと言うのは、普段裁縫などすることのない、したがって針など手にすることのない若い御婦人に多いようで、和服の洗い張りから仕立て直

しまでを日常に行なっていた年配の御婦人はほとんど「針穴」派でした。つまり、彼女たちには「針孔《めど》」またはハリミヂという単語が身についているので、これをわざわざ「針／の／アナ」と三つの単語を組み合わせる複雑な言い方をする必要もなく、思いもよりません。「針のアナ」と言われたら、まず「針穴」のことを考えます。

さて、イエスのいった「針のアナ」はいったい「孔・穴」どちらのことでしょう。『マルコ』ではトリュマリア・テース・ラフィドス、『マタイ』ではトリュペーマ・ラフィドス、『ルカ』ではトレーマ・ベロネース。いずれも「針孔《めど》」のことです。

さてそこで、手元にある各種の聖書の翻訳におけるこの「針のアナ」を調べてみました。

I Santi Evangeli（ラテン語）　foramen acus
La Bibbia（イタリア語）　la cruna di un ago
La Biblia（スペイン語）　el ojo de una aguja
Crampon（仏語）　le trou d'une aiguille
King James Version（英語）　the eye of a needle, a needle's eye

これらの外国語訳を見て、それぞれの辞書を引いてみると、一様にその意味は「針孔《めど》」とあり、「針のアナ」などとは書いてありません。日本語訳は次の通りです。

ラゲ訳　針の孔《あな》
バルバロ訳　針の穴《あな》
フランシスコ会訳　針の穴《あな》
共同訳　針の穴《あな》
新共同訳　針の穴《あな》
岩波版（マタイ、マルコ）　針の孔《あな》
（ルカ）　針先の孔《あな》（私註・ミシンの針か！）

不思議ですね。日本語訳はなぜ「針孔《めど》」と訳さないのでしょう。国語辞典を見れば「はりめど・めど（針孔）」がちゃんと載っています。今のわたしは針仕事をすることもありませんが、子供の頃、老眼の祖母のためにしょっちゅう針孔に糸を通してやったものでした。だからやっぱり針孔《めど》は針孔《めど》、あるいはハリミヂ。「針のアナ」とは思いもよりません。これが生活の現場感覚というもの。聖書学者は針仕事には無縁の方々なのでしょうね。

三十三　イエスは水の上を歩いたか？

二十五か三十スタディオンばかり漕ぎ出したころ、イエスが**湖の上を**歩いて舟に近づいて来られるのを見て、彼らは恐れた。イエスは言われた。「わたしだ。恐れることはない。」そこで、彼らはイエスを舟に迎え入れようとした。すると間もなく、舟は目指す地に着いた。

（ヨハネ六・一九～二〇／新共同訳）

『ヨハネ福音書』を読んでいって、この個所に来たときに、奇妙な感じがしました。イエスがティベリアス湖（＝ガリラヤ湖の別名）の水の上を歩いたという奇蹟譚は、マタイ十四章二十二～三十三節とマルコ六章四十五～五十二節にもあるので、『ヨハネ』にこの話が載っているのは不思議ではないのですが、奇妙なのは、この書き方がひどくあっさりしていることで、そのあっさりしぶりに違和感を覚えたのです。

『マルコ』ではイエスが夜、風に荒れる湖上を歩いているので、弟子たちが幽霊だと思って悲鳴をあげる。イエスが声を掛けて安心させ、船に乗りこむと嵐が止む。弟子たちは驚嘆する。

『マタイ』ではもっとおもしろくて、夜、風波に荒れる湖の上を歩いてくるイエスを見て、弟子たちは幽霊だと悲鳴をあげる。イエスに声をかけられて安心し、ペトロが「俺も歩きたい」と言いだし、イエスに招かれて水の上を歩く。歩けた！　ところが大風に気を取られて、神通力が消え、ズブズブと水に沈む。「助けて！」と叫ぶペトロをイエスが引き上げて、「信仰薄い者、なぜ疑ったか」と叱る。弟子たちは仰天して「あなたは神の子だ」と叫ぶ。

ところが『ヨハネ』はどうです。実にあっさりしていて、弟子たちは「幽霊だ！」とも叫ばないし、ペトロも水の上を歩いたりはしないし、「神の子だ」と驚嘆する場面もありません。何ということもない、ごく普通のことのように書いてあります。

イエスが「湖の上を歩いて」とある「湖の上」とはエピ・テース・タラッセースの訳です。これは本当に「湖の上」なのでしょうか。

前置詞エピの意味は多様で、「～の上に・で」のほかに、「～のすぐそば（前）で・に」の意味もあります。ヨハネ二十一章一節で、夜通しの漁をして帰る弟子たちを復活後のイエスがガリラヤ湖畔で待つという話があります。ここでも同じエピ・テース・タラッセースが使われていて、『新共同訳』は「湖畔で」と訳します。

「湖畔」か「湖上」かは、語形がまったく同じなので文の前後関係で決めるしかありません。二十一章一節では、イエスがたき火をして待っていたのですから、湖上であるはずがありません。それなら六章十九節のほうはなぜ「湖上」なのでしょうか。そもそも人が水の上を歩くなど荒唐無稽の話ではありませんか。

そこで『ヨハネ』に含まれているエピの使われ方を調べてみました。『ヨハネ』全体で三十三箇のエピがあり、いろいろな用法があります。ここに「～のそばに」という意味で用いられている例を『新共同訳』で示しましょう。

そこにはヤコブの井戸があった。イエスは旅に疲れて、そのまま**井戸のそばに**座っておられた。（ヨハネ四・六／新共同訳）

エルサレムには**羊の門の傍らに**、ヘブライ語で「ベトサダ」と呼ばれる池があり、そこには五つの回廊があった。（ヨハネ五・二／新共同訳）

夕方になったので、弟子たちは**湖畔へ**下りていった。（ヨハネ六・一六／新共同訳）

そこで、彼らはイエスを舟に迎え入れようとした。すると間もなく、舟は**目指す地に**着いた。（ヨハネ六・二一／新共同訳）

イエスのところに来てみると、既に死んでおられたので、その足は折らなかった。
（ヨハネ一九・三三／新共同訳）

その後、イエスはティベリアス**湖畔で**、また弟子たちに御自身を現わされた。
（ヨハネ二一・一／新共同訳）

問題の六章十九節を除くと六例あります。また六章二十一節を『新共同訳』は「目指す**地に着いた**」と訳していますが、これは原文を正確に訳せば、「目指す**地のほとりに着いた**」のです。十九章三十三節も、「イエスの上に来た」のではなくて「イエス**のそばに来た**」のです。

とすると、問題の六章十九節を「湖**のそばを**歩いて」と訳してはいけない理由が見当たらなくなります。

「歩く」と訳されているペリパテオーという動詞はペリ（周囲）という接頭素にパテオー（歩く）という動詞が組み合わされたもので、「何かのへりを歩く」意味にとれます。すると、この文は「イエスは湖の湖畔を、岸に沿って歩いた」意味になります。

おお、別に水の上を歩かなくてもいいではありませんか！

三十四　韋駄天《いだてん》走り

イエスが歩いたのが「湖上」か「湖畔」かは前後関係で決めるほかありませんが、では『ヨハネ』の文脈で、イエスが歩いたのが「湖上」でなければならない理由があるでしょうか。状況を考えてみましょう。

イエスはティベリアス湖畔の丘で説教をしていました。五千人の男がいたそうですが、これは誇張かも知れません。そこで五つのパンと二匹の魚を神通力で増やして彼らに大盤振る舞いをしました。これについても、考えるところがありますが、今は触れないでおきます。さて、大群衆は熱狂し、力ずくででもイエスを彼らの王に推戴しようとしました。これはかなわぬ。イエスは山に逃げて、隠れます。

一方弟子たちは舟でカファルナウムを目指しました。たぶん「俺はちょっと姿をくらましていたい。お前たち、先に行っていろ」とでも言われたのでしょう。もう夕暮れです。夜になって気温が下がり、湖の周辺の山々から突風が吹き下ろして、湖は大荒れに荒れました。舟は向かい風と大波で難儀しています。イエスはその有り様を山の上から眺めました。夜なのにそれが見えたということは、その夜はきっと月夜だったのです。

舟は出発点の船着き場から二十五～三十スタディオン、つまり五キロメートルほどのところにいます。ティベリアス湖の西北の岸近くに「パンの奇蹟の記念聖堂」というのがあります。イエスのいたのはこの辺り。そこから湖岸はまっすぐに東北東に伸び、三キロメートルほどにカファルナウムがあります。昔の単位なら約十六スタディオン、三キロ。『ヨハネ』の記載が正確なら、弟子たちの乗った舟の出発地点である船着き場は二キロほど南のゲネサレの野のどこかにあったはずです。

彼らの舟は吃水《きッすい》の浅い、平底の舟で、安定が悪い。こんな荒れた湖を行くのですから沖合を避け、岸辺ぎりぎりを漕いだはずです。そうすれば万一舟が転覆しても、泳いで岸にたどり着けます。

さて、イエスは走り出しました。この辺はティベリアス湖の北の平原で、湖畔は平坦です。丘から見下ろすところにいる舟に追いつくのですから、月夜の湖畔をイエスは韋駄天《いだてん》走りに走り続けた。あのビロビロした邪魔なヒマティオン（上着）は細く畳んで片襷《かただすき》に背負い、裾長のキトーン（下着）も邪魔だから尻はしょりして毛脛を出し、革サンダルの紐をしっかりと締め直し、強風の中を息を切らし、汗びっしょりになって走る、走る。

この湖岸線はまっすぐにカファルナウムに伸びています。弟子たちは湖岸に沿って舟を漕げばいいので、湖を横切って対岸へ行く必要のある航路ではありません。もし、舟が湖を横断していたのならば、イエスがこの舟に追いつくには水上を歩かなければならなかったかも知れませんが、実際には舟は湖岸に沿って航行していたと思われますから、イエスが水上を歩く必要はなかったのです。

マラソン選手は時速二十キロメートル弱で走ります。仮に三キロメートルを走るとすれば十分もあれば追いつきます。水の上を歩くよりも、このほうが手っ取り早く、しかも合理的です。あの時代の男です。イエスは俊足だったに違いありません。

韋駄天走りに湖岸を走るイエスはやがて舟に追いつきました。岸から目と鼻の先を漕いでいる舟に向かって、ザブザブと水の中へ入りこみました。月夜とはいえ、夜のことですから、それが誰だか、弟子たちにはよくわかりません。両手を振り回して何かを叫んでいるようですが、風が強くてよく聞こえません。そこで「彼らは恐れた」とあります。何を恐れたのでしょうか。『マルコ』や『マタイ』にあるように「幽霊だ!」と金切り声を張り上げたのでしょうか。そんなはずはありません。この大波の中を舟に向かって水を掻きわけながら歩いてくる無鉄砲な男の身の危険をフォベオー（心配する）したのです。

弟子たちが叫びます。

「おうい、誰だ、お前さんは？　危ねえぞ!」

すると、風の音に混じって聞き覚えのある声が逆巻く波の間から聞こえてきました。

「俺だ。心配するな！」

「旦那だ！」

弟子たちは喜んだ。波に逆らいながらなんとか舟をイエスのほうに寄せた。ずぶ濡れのイエスが船べりに両手をかけた。弟子たちはその手を取り、腕を抱え、「せえの！」とばかり舟に引きずりこんだ。ティベリアス湖の突風は吹き始めるのも突然ですが、止むのも突然です。風がおさまって、湖はまたも静かになりました。舟は間もなくカファルナウムの港に着きました。

……こういうことだったのだと思います。

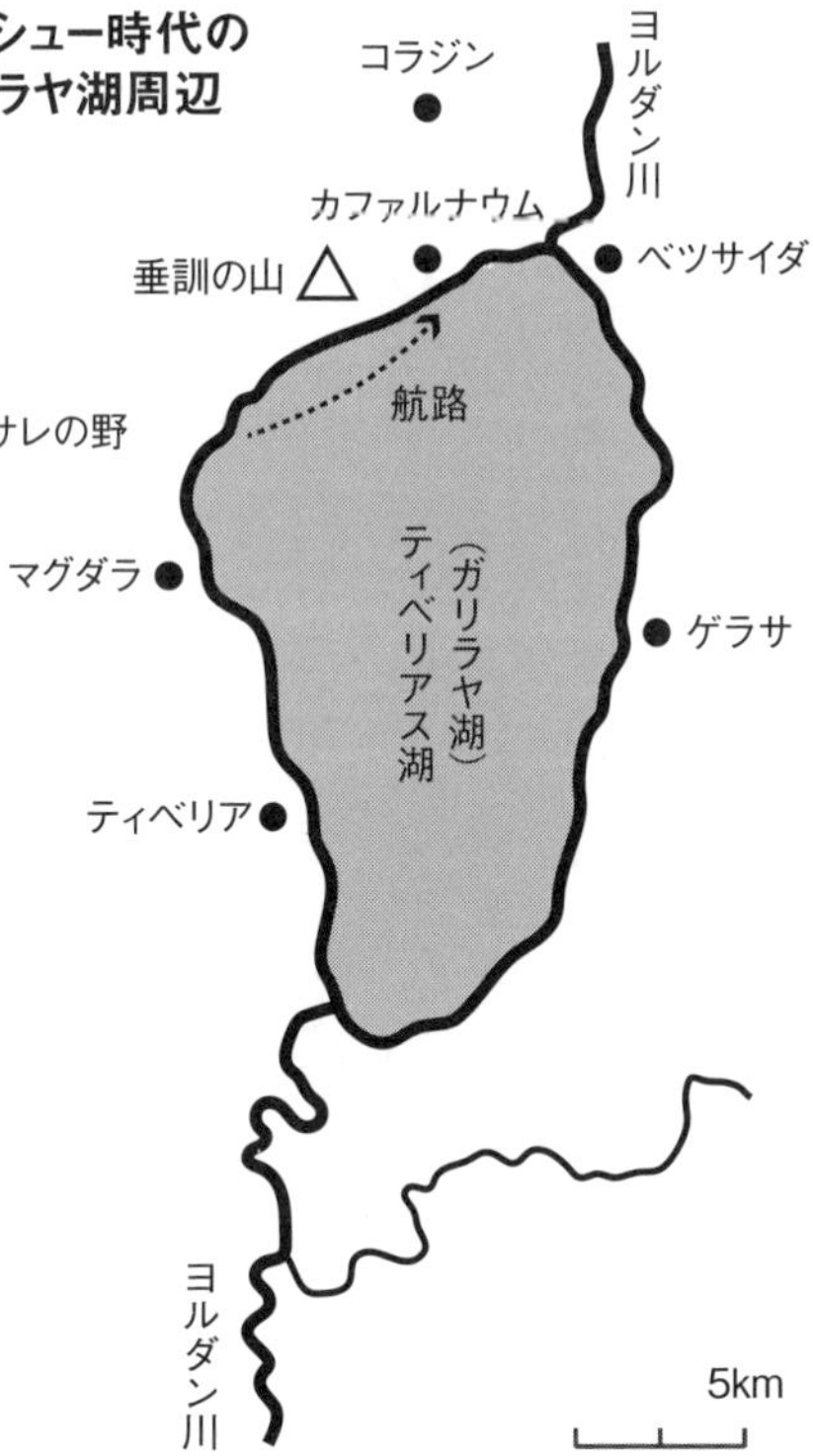

イェシュー時代のガリラヤ湖周辺

三十五　神話化

諸説はありますが、『ヨハネ福音書』の著者は伝統的にベトサイダ村の網元ゼベダイ親方の息子、使徒ヨハネだと信じられてきました。彼は若いときにイエスに師事し、イエスに最も近かった愛弟子でした。『ヨハネ』が直接彼の手によるものでないかも知れないにせよ、彼の指導によって書かれたことは間違いないだろうと言われます。『ヨハネ』には直接ヨハネが体験した一次資料が多く入っています。『ヨハネ』の著者が使徒ヨハネだとしたら、きっとこの舟に乗りこんでいたはずです。『ヨハネ』は四福音書の中で最後に書かれたものですが、そこに用いられている資料は史実性が高く、現場を見たものだけが知りうる具体的な状況描写に満ちています。だから、この「湖畔歩行」の話も、一番原形に近いのではないかとわたしは思います。

『マルコ』や『マタイ』は又聞きによって書かれた福音書です。『ヨハネ』のように直接イエスを見た人物が関与したものではなく、用いた資料は人々の口伝えで、誇張や空想が入りこんで変形している可能性もあります。

それゆえ、『ヨハネ』におけるこの話は、やはり「湖畔歩行」として読むのが自然だと思われます。その理由のひとつは、この物語が『ヨハネ』の「しるし（奇蹟）物語」の特徴である意味づけを欠いていることです。著者ヨハネはこの話を奇蹟譚として書くつもりはまったくなくて、日常のありふれた出来事を淡々と記録したに過ぎなかったのです。

神学者たちの解説によると、『ヨハネ』にはイエスの行なった七つの奇蹟（セーメイオン＝しるし）を次のように数えています。

①カナで水を酒に変えた。
②カナで役人の息子の病気を治した。
③ベテスダの池で病人を治した。
④パンを増やした。
⑤水の上を歩いた。
⑥エルサレムで盲人を治した。
⑦死んだラザロを生き返らせた。

七という完全数に合わせているところはなかなか憎い編集ですね。それぞれに著者ヨハネの感想が添えてあって、①では「最初のしるしだ」とか「自分の栄光を現わした」としています。

②では「役人も家族もイエスを信じた」とか「第二のしるしだ」と言います。③ではこのためにユダヤ人との大論争が始まり、イエス殺害計画が始まります。④では「まさにこの方こそ来るはずの預言者だ」と民衆が大喜びします。⑥ではイエスが神からの人であることが宣言され、ユダヤ人がこれを見てますますイエス殺害の決意を固めることになります。⑦は死人の復活という途方もない事件で、イエスが神の子であることが示されます。

……と、各々重大な神学的意味が与えられているのですが、⑤の「水上歩行」だけはまったく何の感想も意義づけもありません。神学者の解釈とは裏腹に、著者ヨハネにはもともと⑤の出来事を奇蹟だとは認識していなかったのです。

もともとの話の原形は『ヨハネ』の報告の通りだったのが、これがイエス・ファンの口から口へと伝わるうちに伝言ゲームの常、次第に話が膨らみます。エピ・テース・タラッセースは「湖の岸」とも「湖の上」ともとれるので、奇蹟話大好きの『マルコ』は後者の意味にとりました。そして微妙な加筆をしました。『マタイ』になるとペトロまでも水の上を歩き出すというおとぎ話になっていきます。『ヨハネ』は最後に書かれた福音書なのに、現場にいた使徒ヨハネの監修が行き届いていたのでしょう、シッカリともとの形を保持して記録されたのだと思います。

どうしてこんなことが起きたのでしょうか。

それはイエスを慕う当時の人々の心が作り出した美しい幻なのではないでしょうか。イエスという人物の持っていた類稀な魅力に心酔した多くの古代人たちは、イエスの事績を口伝えに伝えて行くうちに、あのイエスさまならこうでもあっただろうという素晴らしい空想がどんどんふくらんで、もう夢と現実の境目さえもわからなくなるほどにうっとりとその思い出を美化していったのだと思います。ごく普通の何でもない出来事が、こうしてそれを伝える人々の憧れを乗せて「神話化」していく。この三つの記述の違いはその過程をまざまざとわたしたちに見せてくれるものです。

人々がどんなにイエスという人物を慕い、憧れ、大好きであったかということを、この物語はこうしてわれわれに示しているのだと思います。

さて、『ヨハネ』に載っている七つのセーメイオン（しるし）の一つがなくなってしまいました。七という完全数を尊ぶユダヤ人の伝統からは、六は「ろくでもない」数です。これでは神学者の先生がたに申し訳がない。そこで考えました。『ヨハネ』の奇蹟のリストにはもともと「水上歩行」は入っていなかったのです。では七つ目の「しるし」は何でしょう。それこそが「復活」であります。イエスの救いは十字架と復活によって完成します。復活こそがイエスがわれわれに示すその救いの完璧な「しるし」ではありませんか。

三十六　知恵の子

ルカ七章三十三〜三十四節に次のような言葉が書いてあります。イエスがファリサイ衆にむかって言います。

お水潜《くぐ》らせのヨハネが来て、飯も食わず、酒も飲まないでいると、お前さんたちは言う。『あれは憑《つ》き物《もの》に取り憑かれている』とな。《人の子》であるこの俺が来て、飲んだり食ったりしていると、お前さんたちは言う。『見ろ。大食らいの大酒飲みだ。貢《みつ》ぎ取《と》りと世の中の爪弾《つまはじ》き者どもの仲間だ』とな。（ガリラヤのイェシュー）

そして続けて三十五節に次のせりふがあります。三つの翻訳を並べてみます。

しかし、知恵の正しさは、**それに従うすべての人**によって証明される。（新共同訳）

しかし、知恵の正しさは、**知恵の子らすべて**によって証明される。（フランシスコ会訳）

しかし知恵は、**そのすべての子ら**によって義しさが承認される。（岩波訳）

ギリシャ語を直訳すると、「ソフィアー（知恵）はそのすべてのテクノン（子）らによって正しいことが証明される」となります。これがどういう意味なのか、わたしには長いことわかりませんでした。

ソフィアー（知恵）とは何のことか。『フランシスコ会訳』と『岩波訳』ではそのまま「知恵の子ら」あるいは「その（＝知恵の）すべての子ら」とありますが、そもそも日本語にはこんな表現はありません。『新共同訳』では「それ（知恵）に従うすべての人」と意訳されていますが、それでもやっぱりよくわかりません。

『イエスはヘブライ語を話したか』（D・ビヴィン、R・ブリザード）という本を読んでやっと意味がわかりました。この著者たちはヘブライ語の知識から新約聖書の意味を考えて、今までよくわからなかった箇所に驚くような意味を発見しました。

彼らはまず「知恵の子」という表現のテクノン（子）というギリシャ語は、ヘブライ語のベン（子）にあたることを確認し、その意味について解説しています。

ヘブライ語のベンの持つ意味は非常に広く、これを使った多くの慣用表現がたくさんあります。次の例を御覧ください。


平安の子＝友好的な人、他の人々とうまくつき合っていける人、協調性のある人。

家の子＝家族の一員のように親しい友人。

ゲヘンナの子＝ゲヘンナ（ヒンノム谷の焼き場）に捨てられるべき人間。

死の子＝死に値する人、死ぬべく呪われた人。

食べることの子＝食べるのに適した食べ物。


そして問題の「知恵の子」も、これに類するヘブライ語の慣用表現で、「議論の進め方」という意味だったのです！　つまり、「知恵の正しさは知恵の子を見ればわかる」という意味は「知恵の正しさは議論の進め方で判断できる」という意味だったのでした。

洗礼者ヨハネは、禁欲主義者でした。荒野に暮らし、野蜜とバッタを常食とし、駱駝《らくだ》の毛衣を着ていました。酒を断ち、断食の苦行に勤《いそ》しむ峻厳な沙漠の行者。その厳格さに辟易《へきえき》したファリサイ衆は「あいつは悪魔憑きだ」と非難しました。

一方、イエスはそんな禁欲的苦行者ではありませんでした。機会さえあればよく食い、よく飲みました。何しろ、『ヨハネ』によると彼の行なった奇蹟の第一号は水を酒に変えることだったといいますから、嬉しくなります。しかも社会の爪弾き者たちと好んでつきあった。それで、大飯食らい、大酒飲み、また取税人や罪人の仲間だと悪口を言われました。イエスは、それに対し、「知恵は、そのすべての子によって正しいとせられる」と答えたのです。

「知恵の子」が「議論の進め方」という慣用表現だとがわかれば、この意味は明瞭です。「議論の進め方を子細に検討すれば、その人の知恵が正しいか、正しくないかははっきりするよ」とイエスは言っているのです。つまり、この場合の知恵というのは「お前さんたちの浅知恵」という意味です。洗礼者ヨハネが断食をしているのを見れば「悪魔憑きだ」と言い、イエスが飲み食いしていると「大飯食らいの大酒飲みだ」と悪口を言うのですから、「じゃあ、どうすればいいんだ？」ということになります。要するに「お前さんたちがわけ知り顔で言っていることはまるっきり支離滅裂だ」と笑っているのです。

猿知恵《さるぢえ》の浅知恵は、支離滅裂のこの言い草でバレバレだ。

（ガリラヤのイエシュー）

ものがたり

シュロミット──❸

実の親が違っていてもこんなふうに兄弟として一つの家族になっているのは村では別に珍しいことではありません。村人たちは人情が厚くて、互いに助け合って生きています。みなしごを自分の子供として引き取ったり、未亡人になった兄嫁を弟が引き受けて結婚するなど、普通のことでした。実際の父母が違う兄弟など少しも珍しくありません。だれもそんなことを詮索《せんさく》しないし、いっしょに暮していれば兄弟なんです。

あたしたちの家はもともと二軒の家が一つにくっついている家なので普通の家よりも少し大きい家です。この辺の家というのはたいていてい大部屋一間だけです。石を積み上げた壁に粘土の屋根が乗っていて、入口は一つ。家の中は二つに仕切られていて、まずは土間。ここは夜の間家畜を入れておくための場所です。夜は結構冷え込みますから、ロバや山羊や羊をここに入れておくと家畜の体温で家の中が暖かくなるのです。

仕切りの奥は人の住む場所、床が少し高くなっていて、中にはかまどがあります。居間兼台所兼寝室です。あたしたちはこのお部屋でいつもいっしょに暮しています。大きな水がめもあります。坂道の下のほうに村の共同の泉があって、毎朝そこに水汲みに行くのがあたしたちの大切な仕事です。

仕切りにはいくつか穴があいていて、夜の間家畜がそこから顔を出して、居間のほうにおいてある飼い葉桶から飼い葉を食べるのです。土間のほうに飼い葉を置いておくと、家畜が際限もなく食べてしまうので、こうしておくのです。

ヨセフの家の奥には小さなミクベ、つまりお浄《きよ》めの沐浴《もくよく》をする小部屋があります。石の壁に囲まれたお風呂場みたいなものね。段々があって石の浴槽に入るのですが、水が漏れないように漆喰《しっくい》で固めてあります。ここに水を張って体を浄めるのです。でも、暑い夏は気持ちがいいけれど、寒い冬に冷たい水に入るのはほんとにいやね。それでかまどで大きな石を熱くしておいて、それを冷たい水にほうりこみます。ジューッて大きな音がして湯気が立ち上がって、ミクベの水が温かくなります。冬のお浄《きよ》めはこうしてするというわけです。

このミクベはヨセフとイツハクの家の共用のものので、ここで二つの家がつながっていました。それからもう一つの部屋がその横にもついていて、これは大工仕事の仕事場でした。のこぎりやかんな、きり、小刀、のみ、つち、そんな大工道具が棚にきちんと並べられていて、部屋の真中には仕事机があり、壁際には材木や作りかけの家具やくびきなどがたくさん寄せ掛けてありました。イツハクもヨセフと同じく大工さんでしたから、いつもここで仲良く仕事をしていたそうです。

あたしたちはこの仕事場をのぞくのが大好きでした。でも、危険な刃物などがおいてあるので、小さな子は決して中に入ってはいけません。入られるのはイェシュー兄ちゃんだけ、そしてそのうちヤコブ兄ちゃんも大きくなったので入れてもらえるようになりました。いいわね。あたしも入りたい！

あたしたちは仕事場の外のお庭でままごとをしたり、虫を捕まえたり、いろいろして遊びました。なつかしい思い出です。

三十七 空きっ腹のイエス

共観福音書『マタイ・マルコ・ルカ』によると、イエスはガリラヤで宣教を始め、その生涯の最後に、過越祭を祝うためエルサレムへ上京し、そこで逮捕されて処刑されます。これは彼が世の中に出て活躍した三年間の公生活でただ一度で最後の上京です。でも、この三つの福音書の下敷きになっている『マルコ』は、話を単純化するために、実際には何回もあったはずのイエスの上京をただ一度のことにまとめて編集したふしがあります。

たとえば、マルコ十一章十二〜十四節に興味深い話が載っています。

イエスが上京しました。民衆が彼をイスラエルの新しい王だとして大歓迎した翌朝、イエス一行は泊っていたエルサレム近郊のベタニア村を出て再び都に入りました。その途中、イエスは腹がへっていたとあります。どうやら朝飯を食べていなかったみたいです。多分、宿泊先の家はあまり裕福ではなく、いきなり舞いこんだイエスとその十二人の弟子たちに腹いっぱい食わせるほどの食料を提供できなかったのでしょう。自分の食う分をへらしてもまず子分に食わせるのが親分の務め。イエスは朝飯を食っていなかったらしい。

たまたま道端にイチジクの木がありました。空腹のイエスは、実がなっていないかとその木に近づいたが、「季節ではなかったので、葉が茂っているばかりで、実はなっていなかった」そうです。イエスが、腹立ち紛れにイチジクの木を呪うと、木が枯れてしまったというのです。どうも眉唾《まゆつば》物の話ですが、腹立ち紛れに「てめえなど、枯れてしまえ！」と悪態をつきながら、木の幹を思いきり蹴飛ばすぐらいのことはしたのかも知れません。何ともさまにならない情けない姿ですが、しかし、わたしはこの人間臭いイエスの姿が限りなく大好きです。

で、問題はこの季節のことです。時は過越祭の直前、早春。

イチジクは、死海周辺の亜熱帯気候のところでは常緑樹で、四季を通じて実が生ります。エルサレムは山岳地帯なので、十二月に落葉し、年に二回結実します。一回目は三月ごろ、小枝の先に小さな緑色の瘤《こぶ》ができます。これは「まだ青い実」と呼ばれて、少し大きくなると風で落ちてしまいます。この未熟の実を農民は拾って食べるそうです。やがて、初夏。葉の芽が出て急速に伸びて、葉陰に青い実がつく。これは六月になると熟し、「初なり」と称し、はなはだ美味い。この間に次の実が新しく生えた枝にでき、八〜九月に「秋イチジク」として市場に出ます。これが本収穫です。

過越祭の頃には「まだ青い実」があるはずですから、「季節でないので……」という記述には合いません。

ユダヤ人がエルサレムに上京して神殿に巡礼するのは、過越祭（春三〜四月）、五旬祭《ごじゅんさい》（五〜六月）、仮庵祭《かりいおさい》（九〜十月）の三大巡礼祭です。とすると、この話はどうも遅く来た仮庵祭《かりいおさい》か、神殿奉献祭（十〜十一月）の頃のことでしょう。

そういうわけで、「イチジクの木を呪った話」の季節についての共観福音書の記述は事実関係に照らすと矛盾するのです。イエスがたった一度しか上京しなかったというのは、編集上の便宜のためのようです。実際にはイエスは何度も上京していたはずです。

『ヨハネ福音書』は、共観福音書とはまったく別の資料に基づいて書いたものですが、これによるとイエスは何度も上京し、何度も何度もファリサイ衆や祭司階級の連中とぶつかり合い、捕らえられそうになり、命からがら逃げだしています。これは本当でしょう。一般にこういう話は教会ではあまり話されません。イエスが逃げだしたなどというのは、どうも格好が悪いからだろうとわたしは勘ぐっています。

ここに出て来たユダヤ教のお祭りについてちょっと説明しておきます。

過越祭というのは、大昔、たぶん紀元前一二七五年頃（諸説あり）、エジプトの奴隷民族であったイスラエル人が預言者モーセに率いられてエジプトを脱出したことを記念するお祭りで、春分の次の満月の頃、ユダヤ暦でニサンの月と呼ばれる月に執り行なわれる祭礼です。種なしパンの祭りとも言われます。

五旬祭は過越祭から五十日目に行なわれる小麦の収穫を感謝するお祭り。神さまとイスラエル民族が特別の契約を結んだことを祝うお祭りでもあります。刈り入れの祭りとも言われます。

仮庵祭は秋分の日の次の満月の頃、一週間にわたり盛大に行なわれます。イスラエル人がエジプトを脱出して四十年間荒野をさ迷ったことを記念して、戸外に仮小屋を造ってそこに起居して祝います。

神殿奉献祭は宮浄めの祭りとも呼ばれ、セレウコス朝によって征服されたエルサレムで神殿がギリシャの神々の神殿とされて穢《けが》されていたのをマカバイの一統に率いられたユダヤ人がついに独立を獲得して神殿を回復し、これを浄めてもう一度神さまに奉献したことを記念するお祭りです。

三十八──走れ、イエス！

『ヨハネによる福音書』は、この福音書の特徴である長大なイエスの説教でぎっしりと埋まっています。それで読者はついイエスの行動の方にまで目が届きません。この長いお説教を全部取り払って、イエスの行動だけを並べてみると、共観福音書では見えてこない、荒々しいほどに行動的なイエスの姿が見えてきます。

これをまとめると次のようになります。

《二章一三節》 過越祭に上京。このとき、神殿で商売をする犠牲獣の商人たちと両替屋を追いして大暴れした。これでイエスは最初から命をつけ狙われる破目となった。

《三章二二節》 イエス一統は身の危険を感じ、都を出てヨルダン川で民衆に洗礼を授けていた。洗礼者ヨハネは上流のアイノンで活動していた。アイノンはイエスの根拠地カファルナウムとエルサレムとのちょうど中間地点だ。ところが、一時はイエスの師匠格だった洗礼者ヨハネよりも、イエスの勢

《四章四節》力が大きくなった。ヨハネの弟子の中にこれに対して不快感を表明する者が現われた。後ろからは神殿当局の捕り手。そこでイエスは逃げた。

《五章一節》根拠地ガリラヤに走る道は二つ。一つはヨルダン川沿いの表街道だ。もう一つの裏街道はサマリアの山道。イエスはサマリア街道を逃げた。この逃避行でイエスはサマリアの多くの人々の心をつかむ。

《五章一八節》イエス第二回目の上京。目的はお祭り。前後の状況からしてこれは夏の五旬祭らしい。このとき、安息日にベテスダの池で病人を癒し、安息日の掟を破ったと責めるファリサイ衆と喧嘩。

《七章一節》ファリサイ衆がイエス殺害の意図を固める。イエスはガリラヤに逃げる。パンを増やす話があって、民衆はイエスを王に推戴しようとする。

《七章三〇節》ユダヤ人の指導者たちがイエスを殺そうとつけ狙う。仮庵祭（秋）で三回目の上京。神殿で、自分のことを、やがて天の雲に乗ってやって来る「人の子」だと宣言し、冒瀆罪にあたるとして殺されそうになり、逃げる。

《七章三二節》祭司長らが下役たちをイエス逮捕に派遣する。ところが下役たちは逆にイエスの話に感銘を受けて、逮捕未遂。

《七章四四節》イエスを逮捕しようとする者が出た。イエスはここでも難を免れる。

《八章二〇節》神殿で、イエスがあやうく逮捕されそうになる。

《八章五九節》神殿で、イエスは石殺しにされそうになり、身を隠して逃走する。この後、安息日に神殿で盲人の目をあけ、その是非を巡り大論争。

《一〇章二二節》冬、神殿奉献祭で、「わたしと父は一つである」と宣言する。

《一〇章三一節》ユダヤ人は激昂し、イエスはまた石殺しにされそうになる。

《一〇章三九節》激論の末、襲いかかる敵を振り切り、ヨルダン川の近くに潜伏した。

《一一章七節》親友ラザロが死んだことを知り、再度都に向かう。死後四日目のラザロを蘇生させる。

《一一章五三節》イエスの評判が熱狂を呼び、過激派がこれに乗じて対ローマ独立戦に暴発する危険を感じた最高会議サンヘドリンは全国にイエスを指名手配する。イエスに心を寄せる者は会堂から追放するという布令も発せられた。

《一一章五四節》イエスは弟子たちとともにエルサレムから逃げ出し、サマリア人の町エフライムに潜伏する。

《一二章一二節》過越祭のために、イエスは最後の上京をする。民衆はイエスを王に推戴しようと大歓迎する。これを見たユダヤ人指導者たちはいよいよ国家存亡の危機感を募らせる。

《一八章一二節》イエスはついに捕らえられる。

《一九章三〇節》イエス、ローマ帝国に対する謀反の冤罪《えんざい》で十字架上に死す。

こうして、イエスの行動の軌跡を追いながら、『ヨハネ福音書』を概観してみると、イエスの奮戦ぶりが実によくわかります。人々の集まるお祭りに何度も何度も上京し、教えを述べ、安息日に病人を癒し、ユダヤ人の指導者たちと命がけの激しい論争をし、何度も逮捕されそうになり、石を投げられ、捕り手を放たれ、危険人物として全国指名手配され、会堂から追放され、逃げ、走り、逃げ、走り、そしてついに捕らえられて、ローマ帝国に反乱を企て、「ユダヤ王」を僭称《せんしょう》した武闘過激派という冤罪のもとに刑死しました。

『ヨハネ』の伝えるイエスの疾風怒濤《どとう》の生涯は、まことに感動的です。

三十九──ナザレの村人

「預言者、故郷に容れられず」とは有名な言葉です。この諺《ことわざ》のもとは、次の話です。

イエスはそこを去って故郷にお帰りになったが、弟子たちも従った。安息日になったので、イエスは会堂で教え始められた。多くの人々はそれを聞いて、驚いて言った。「この人は、このようなことをどこから得たのだろう。この人が授かった知恵と、その手で行なわれるこのような奇跡はいったい何か。この人は、大工ではないか。マリアの息子で、ヤコブ、ヨセ、ユダ、シモンの兄弟ではないか。姉妹たちは、ここで我々と一緒に住んでいるではないか。」このように、人々はイエスにつまずいた。イエスは、「預言者が敬われないのは、自分の故郷、親戚や家族の間だけである」と言われた。そこでは、ごくわずかの病人に手を置いていやされただけで、そのほかは何も奇跡を行なうことがおできにならなかった。そして、人々の不信仰に驚かれた。

（マルコ六・一～六／新共同訳）

さて、この話の中に多くの問題点が含まれています。

まず、イエスの出自の問題。『マタイ』と『ルカ』によると、マリアは神さまの特別のおはからいによって処女でありながらイエスを懐胎しました。

もっとも、その前後の話は両者でまるで異なります。『マタイ』ではイエスはベツレヘムのヨセフの自宅で生まれ、東方の星占い師たちの訪問を受け、ヘロデ大王の追及を逃れてエジプトに逃げ、大王の死後帰国し、ガリラヤのナザレに住んだといいます。

『ルカ』ではヨセフとマリアはナザレの住人。ローマ帝国による戸籍調べのためにユダヤのベツレヘムに行った際にイエスが生まれ、飼い葉桶に寝かせられました。ただし馬小屋とは書いてありません。星占い師たちもヘロデ大王も出て来ません。

ところが、この二つの福音書のもとになった『マルコ』ではイエスの出生の話も、少年時代の話もいっさいありません。『ヨハネ』にもありません。そんな大切なことを『マルコ』も『ヨハネ』もまったく問題にしていないのです。

一番古く書かれた『マルコ』にはイエスの家族のことがナザレの村人たちの言葉として「この人は、大工ではないか。マリアの息子で、ヤコブ、ヨセ、ユダ、シモンの兄弟ではないか。姉妹たちは、ここで我々と一緒に住んでいるではないか」と書いてあります。

この時代のユダヤ人には苗字がありません。父の名をとって「○○の子××」と呼びました。イエス・ベン・ヨセフ（ヨセフの子イエス）、これが正式のイエスの名であるべきです。ですからナザレの村人がイエスを「マリアの子」と呼んでいるのは異様で、ここからイエス私生児説が生まれました。『マルコ』にはマリアの処女懐胎の話は出てこないので、母の名をつけて呼ぶのは私生児に対する軽蔑の表現だというのです。『マタイ』と『ルカ』の述べる処女懐胎という事件が信じがたい話であることから、本当は私生児だったイエスの出生を美化して描いたのだと考えるのです。

わたしはこれとは別の感想を持ちます。

おそらくヨセフ家の雰囲気はかかあ天下だったのです。ヨセフはとてもおとなしい人で、マリアは相当に気の強い女だった。ルカ一章三十九〜四十節によれば、受胎告知の直後に、マリアはユダヤの山地に住む親戚のエリザベトを単身訪問しています。山賊が横行するあの時代、小娘が一人で旅していたらどんな目に遭うかわからない。事実ならとんでもないおてんば娘です。

イエス十二歳のみぎり、神殿で偉い律法学者と堂々の討論を交わしているイエスを発見したとき、父親は驚きのあまり口もきけないでいるのに、マリアは家長をさしおいてガミガミと息子を叱りつけています（ルカ二・四八）。

ヨセフが死んでマリアは後家《ごけ》になりました。後家の踏ん張り、ますます強気の女になったことでしょう。やがてイエスは家業を放り出して、旅の説教師になりました。留守家族は生活が困窮したはずです。それでマリアはナザレ村の男たちを動員して、イエスを捕らえにやりますが、見事に失敗（マルコ三・二一）。

こんな一家の様子を眺めて、男勝りのマリアかあちゃんの勢いに少々辟易《へきえき》していたナザレ村の男どもはこんな陰口を叩いて喜んでいたのではないでしょうか。

「あの家の主《あるじ》はマリアかあちゃんだぜ。コセフ旦那はあの通りおとなしくて、完全に尻に敷かれていた。それに長男のイエスときたらまるっきり父親に似ていないな。あの気の強さは実に母親と瓜二つだ。あれはイエス・ベン・ヨセフ（ヨセフの子イエス）ではないね。イエス・ベン・マリア（マリアの子イエス）と言うべきだ！」

人間くさくて、ほほえましい情景です。

ひょっとして、このあだ名が独り歩きを始めて、「処女懐胎物語」にまで発展したのかも知れませんが、まあ、真相は神のみぞ知り給う。

四十　気前のよさに輝く眼

目が澄んでいれば、あなたの全身が明るいが、**濁っていれば**、体も暗い。だから、あなたの中にある光が消えていないか調べなさい。あなたの全身が明るく、少しも暗いところがなければ、ちょうど、ともし火がその輝きであなたを照らすときのように、全身は輝いている。

（ルカ一一・三四〜三六／新共同訳）

これは実に難解な文だと思いませんか。

マタイ六章二十二〜二十三節にも同様の記事があります。目が澄んでいれば、体が明るいとは何のことでしょう。体が明るいという意味がそもそもよくわかりません。目が濁っていれば体も暗いとはどういうことでしょう。見当もつきません。でも最近『イエスはヘブライ語を話したか』（ビヴィン、ブリザード共著）を読んで長い間の謎が解けました。

そうですね。日本語の「腹が立つ」という表現のことを考えてみるとわかりやすいと思います。これを英語に翻訳するときに文字通りに The belly stands up. とやったら、だれがその意味を理解できましょう。もちろんイギリス人もアメリカ人も目を白黒させて困惑することでしょうし、日本人で頭の回る人なら、この英語を見てもともとの日本語の意味を逆にたどることができるかも知れませんが、これが英語だと思って読んでいる限りはやはりわけがわからないでしょう。

こうした表現を慣用表現といいます。その言語の歴史の中でできあがった習慣により、字句のもともとの意味を離れた別の意味を表わすのです。つまり「腹が立つ」というのは文字通りに人間の腹部が直立することではなくて、「怒る」という意味になります。

こんな表現はいくらでもあります。「七重の膝を八重に折る」を字句通りに読んだらどうなるでしょう。日本人には下肢に七つも八つもの関節があることになってしまいます。

ギリシャ語文の中では意味をなさない「目が澄んでいる」というこの表現は、実はまことにユーモラスなヘブライ語の慣用表現でした。ヘブライ語では、これで「気前がいい」という意味を表わすのです。反対に「目が曇っている」というのは「けちだ」という意味だといいます。

つまり、イエスの語ったこの文は「目が澄んでいる、つまり気前のいい人は、体中がまばゆいばかりに光り輝いて、後光がさして見える。目が曇っている、つまりけちな奴は、体中がどんよりと陰気に暗く見える」という意味なのでした。だから、「自分の体の光、つまり気前のいい人の身に具わるあの後光のような輝きが消えていないか、よく吟味しろ。もしもお前さんの体が光り輝いて見え、暗い所などまるでないようならば、照明であかあかと照らされるときのように、腹の太さと気前のよさでお前さんは光り輝いているんだ」とイエスは言っているのです。いかにも貧しい者の友イエスの言いそうなせりふではありませんか。

腹の太さと気前のよさに輝く目玉は体を照らす灯火《ともしび》のようなものだ。腹の太さと気前のよさでお前さんの目玉がキラキラと明るく輝くとき、お前さんの体も後光《ごこう》が差して光り輝く。吝嗇《けち》のせいでお前さんの目玉がドロンと曇っているときには、お前さんの体も真っ暗だ。だから、お前さんの体に光が消えて闇に沈みこまないように気をつけていろ。もしも、お前さんの体が光り輝き、暗い所など少しもないようなら、丁度灯火の輝きがお前さんを明々《あかあか》照らすときのように、腹の太さと気前のよさで、お前さんの体は隅々までも後光《ゴこう》が差して光り輝いているのだ。

（ルカ一一・三四～三六／ガリラヤのイェシュー）

わかってみれば何のことはない、お笑い草のようなこんな慣用表現がわかったのはつい最近のことです。キリスト教が生まれてから二千年、この章句は謎であり続けました。こういうことがわかるようになったのは、今から五十年前に開かれた第二バチカン公会議の成果の一つです。

長い間、西洋のキリスト教徒はユダヤ人を嫌っていました。キリスト教が生まれたときに、ユダヤ人はキリスト教徒を異端者として迫害しました。その恨みがあったのでしょう。そしてイエスを殺したのはユダヤ人であったということから、キリスト教徒はユダヤ人を憎み、迫害するようになったのです。そのあさましい姿を見たらイエスはどんなに情けない思いをしたでしょう。イエスもユダヤ人だということを西洋人は忘れていたようです。

五十年前にローマ教皇ヨハネ二十三世はキリスト教二千年の歴史で最も偉大な革命を開始しました。それが第二バチカン公会議です。唯我独尊の傲慢な態度を捨て、諸宗教の対話を重んじ、無知と蒙昧《もうまい》によって救いがたい偏見に陥っている人類が本当のイエスの心に立ち返るようにしようという運動でした。

いろいろな改革がなされた中で、特筆すべきはユダヤ教との和解でした。教皇がエルサレムに出向いてこれまでの仕打ちを詫びたのです。こうしてユダヤ教とキリスト教の真剣な交流が始まりました。このため聖書学は飛躍的な発展を遂げました。「澄んだ目」の謎はこうして解けたのです。

四十一──パンを増やす

イエスの行なったという奇蹟の中でもとりわけ凄いのはわずか五つのパンで男の数だけで五千人の大群衆を腹いっぱいにしたという話です。大法螺《おおぼら》もいい加減にしろと言いたいような話ですね。

その後、イエスはガリラヤ湖、すなわちティベリアス湖の向こう岸に渡られた。大勢の群衆が後を追った。イエスが病人たちになさったしるしを見たからである。イエスは山に登り、弟子たちと一緒にそこにお座りになった。ユダヤ人の祭りである過越祭が近づいていた。イエスは目をあげ、大勢の群衆が御自分の方へ来るのを見て、フィリポに、「この人たちに食べさせるには、どこでパンを買えばよいだろうか」と言われたが、こう言ったのはフィリポを試みるためであって、御自分では何をしようとしているか知っておられたのである。フィリポは、「めいめいが少しずつ食べるためにも、二百デナリオン分のパンでは足りないでしょう」と答えた。弟子の一人で、シモン・ペトロの兄弟アンデレが、イエスに言った。「ここに大麦のパン五つと魚二匹とを持っている少年がいます。けれども、こんなに大勢の人では、何の役にも立たないでしょう。」イエスは、「人々を座らせなさい」と言われた。そこには草が沢山生えていた。男たちはそこに座ったが、その数はおよそ五千人であった。さて、イエスはパンを取り、感謝の祈りを唱えてから、座っている人々に分け与えられた。また、魚も同じようにして、欲しいだけ分け与えられた。人々が満腹したとき、イエスは弟子たちに、「少しも無駄にならないように、残ったパンの屑を集めなさい」と言われた。集めると、人々が五つの大麦のパンを食べて、なお残ったパンの屑で十二の籠がいっぱいになった。そこで、人々はイエスのなさったしるしを見て、「まさにこの人こそ、世に来られる預言者である」と言った。イエスは、人々が来て、自分を王にするために連れていこうとしているのを知り、ひとりでまた山に退かれた。

（ヨハネ六・一～一五／新共同訳）

『ヨハネ』の記事は非常に具体的です。季節は「過越祭が近づいていた」早春。野には春の青草が生え始めています。話の本筋には関係ないがとても具体的な記述です。弟子たちについてもフィリッポ、アンデレと具体的な名前を挙げます。「二百デナリオンでも不足だ」というせりふもおもしろい。計算もしっかりしています。

一人の「少年」が登場します。五つのパンと魚を二匹提供したのはこの子です。

おそらく、事実は次のようなことだったのでしょう。

大勢の群衆がイエスのまわりにいる。夕飯にしたい。でも、イエスは貧乏でこれだけの人数に食わせるお金はない。そこにイエスの話をじっと聴いていた一人の少年がありました。「神さまのお取り仕切り」とは互いに相手を己のごとくに大事にしあうことであると理解しました。少年は早速その教えを実践し、懐《ふところ》に大切に持っていた弁当を差し出します。大麦のパンというのは貧乏人の食い物。円くて、直径十五センチ、厚さ一・五センチぐらい。これを五つ持っていた。さらに保存用の魚の干物も二匹持っていた。彼にとっての全財産、命綱です。これを少年はアンデレの前に差し出しました。

「ぼく、これだけなら持っているよ。これをみんなでわけよう」

至る所に二十四時間開いているコンビニのある現代社会とは違います。家を一歩出たら常に食い物の心配が必要です。人々が村里を離れたところに行ってイエスの話を終日聴こうというときに、弁当も持たずに出てゆくはずがありません。そのいい実例がこの少年です。年端もゆかぬ子供でさえ、この用心をしています。しかも、群衆の中には今にもローマ帝国に反旗を翻《ひるがえ》して新ユダヤ王国を建設しようという、熱血にあふれた過激派がわんさと交じっていました。彼らのふところには何日も食いつなげるだけの弁当がしっかり入っていたはずです。もちろん貧富の差の大きい時代だから、まるっきり何も持っていない貧乏人もいたでしょうが。

それをこの少年が差し出した。持っているものすべてを差し出した。アンデレは驚き、感動したに違いありません。イエスも感動したことでしょう。そして奇蹟が起きました。

イエスは五つのパンを五千人の男たちとその他の女子供にわけ与えたといいます。五つのパンを左手に持ち、右手でその一つをつかんで取り出すたびにポンと新しいパンが左手に生まれる。ポンポンポンポンと際限もなくパンが飛びだす。これはさぞおもしろい見物《みもの》だったことでしょう。ドラえもんの漫画みたいです。本当にこんなことが起きたのでしょうか。

ばかげているとわたしは思います。この純真な少年の行為を目《ま》のあたりにした人々が、「俺のも使ってくれ」と次々に自分の弁当を差し出したのです。車座に座った人々の真ん中に、パンと干し魚の山ができました。人々はそれをわけ合い、満腹するまで食べた。これこそが「神さまのお取り仕切り」が人々の間に成立したという「しるし」でした。初めはあの少年の差し出した五つの大麦のパンだったのだが、残った屑だけで十二の籠がいっぱいになるほどでした。このことの方が、パンをポンポン増やした「打ち出の小槌」みたいなお伽話よりも、はるかに感動的です。

四十二　死人の弔い

イエスは言われた。「わたしに従いなさい。死んでいる者たちに、自分たちの死者を葬らせなさい。」（マタイ八・二二／新共同訳）

イエスはたとえ話の名人ですが、彼がよく使う「死んでいる者」、わたし風には「死人《しびと》」という言葉は要注意の表現です。右に挙げたマタイ八章二十二節はおもしろい言葉です。ある弟子入り志望者が「先生、まず父親の葬儀に行かせてください」と言ったら、イエスが「死人の弔いは死人どもにやらせておけ」と言ったというのです。

奇妙な表現です。「死人ども」はもはや生きていないのですから、葬式を挙行することなどできるはずがありません。ということは、この「死人ども」というのは本当の死人ではなく、もののたとえです。「生きているのに死んでいるような連中」のことと考えるのが妥当でしょう。どこの世界でも親の葬式を営むことは大切なことです。この弟子が師匠に向かって懇願したことは人として当然です。ところがイエスは極端なことを言う。葬式などという儀式は人生において少しも大切なものではないというのです。死んでしまった人間に対していかに盛大な葬儀を執行したとしても、そこに何の意義があろうか。大切なのは生きている人間であって、人が生きている間に本当に活き活きと生きることが大切なのだ。だから、死人の弔いなどにかまけている人間は、「生きているのに死んでいるような連中」で、「葬式などはそういう連中に任せておけ」と言っているのです。一見まことに乱暴なこの言葉の裏に、こうした意味が含まれていることは、これまで見てきたイエスという人物の物の考え方からして、十分考えられるところです。

人が死ぬと、この暑い地方ではたちまち腐敗が始まりますから、その日のうちに埋葬しました。イエスの時代には葬式はかなり華美になっていて、泣き女を雇い、笛吹きが悲しい音楽を鳴らし、死者は香油を塗られて埋葬されました。棺桶は用いられず、担架に乗せて墓まで運びます。葬列の先頭は女と決まっていました。創世記によるとこの世に死を招き入れたのが女、つまりエワだったので、野辺送りの先払いは女なのだそうです。

福音書によればイエスは死人を生き返らせるという驚くべき奇蹟を行なったといいます。ヤイロの娘を生き返らせ（マタイ九・二五、マルコ五・三九～四二、ルカ八・五二～五五）、ナインの少年を生き返らせ（ルカ七・一四～一五）、ベタニアのラザロを墓から呼び戻しました（ヨハネ一一・四三～四四）。疑い深く考えれば、ヤイロの娘とナインの少年の例はその死の直後であったから、実は本当に死んでいたのではなく、仮死状態だったのをてっきり死んだと思われていただけのことかも知れません。実際イエスはヤイロの娘については、「死んだのではない。眠っているだけだ」と言っています。つまり娘はまだ生きていたのです。でも信心深い人々はこのイエスの言葉をまったく信用せず（!）、娘は死んでいたのだと主張しているようです。一方、ラザロの場合は死後四日も経っていたそうですから、彼の死は疑いようがありません。

こうした奇蹟をイエスは何のために行なったのでしょうか。

イエスはこれらの不思議なわざを、ヤイロの娘やナインの少年やラザロのために行なったわけではありません。「俺は人を生かす力を持っている」ということを示すために行ないました。彼らはそのための素材です。ラザロが死にそうだと言われてもおみこしを上げず、死後四日も経ってからベタニアに姿を現わしたのを見ても明らかです。ラザロを死なせたくなくて、彼への友情のために駆けつけたわけではありません。イエスは故意にラザロを死なせているのです。「俺は人を生かす力を持っている」ということを示すためです。

見ず知らずのヤイロの娘やナインの少年を生き返らせたのも同じことです。もちろんイエスは子供を失う親たちの悲嘆に深く心を動かされたでしょう。しかし、だからといってそのために彼らを生き返らせたのではありません。もしそうだったら、イエス存命中にイスラエルの国に葬式は姿を消し、葬儀屋や泣き女たちは失職し、イエスを十字架につけるのはサドカイ派や祭司たちではなくて、葬儀屋ということになったはずです。

でも、そうはなりませんでした。イエスが生き返らせたかったのは、死人ではありません。生きているのに死んでいるような人間、つまり「生き死人《しびと》」を、もう一度、本当の人生の喜びの中に活き活きと生きるようにしたかったのです。そのための一つのセーメイオン（しるし）として、死人を生き返らせるということをやって見せたのです。

前後関係をよく見ますと、「死人の弔いは死人どもに任せておけ」という言葉は、「俺に従え」あるいは「神さまのお取り仕切りを広めろ」という言葉と対になっています。この二つは切り離してはいけません。このことをしっかり理解しているなら、件《くだん》の弟子はニッコリ笑ってイエスにこう答えたはずです。

「先生、わかりましたよ。死人の弔いではなく、死人を生き返らせるために行ってきます！」

イエシューさまはこの人に言いなさった。「俺について来い。死人《しびと》を弔うのは、あの「生き」死人どもに任せておけ。

（マタイ八・二二／ガリラヤのイェシュー）

四十三──生き死人《しびと》

イエスが「死人《しびと》」と呼ぶのが必ずしも文字通りの死人ではない例はほかにもあげられます。ルカ十五章にある有名な「放蕩息子のたとえ話」がそうです。ある父親に二人の息子がいて、弟は遺産の分け前を貰ってそれを銭に替えて遠国《おんごく》に旅発ち、放蕩の限りを尽くして豚飼いに落ちぶれ、飢饉で死にそうになって、父の家に舞い戻ります。父は喜んでこれを迎えます。怒る兄に対して言うこの父親の言葉を聞いてください。

「……この息子は、**死んでいた**のに生き返り、いなくなっていたのに見つかったからだ。」そして、祝宴を始めた。

（ルカ一五・二四／新共同訳）

だが、お前のあの弟は**死んでいた**のに生き返った。いなくなっていたのに見つかったのだ。祝宴を開いて楽しみ喜ぶのは当たり前ではないか。

（ルカ一五・三二／新共同訳）

息子は別に死んでいるわけではないのにこの父親は「この息子は死んでいたのに生き返っ

た」と言います。もちろんこれも、もののたとえです。人間が明るく活き活きと生きている状態をイエスは特に「生きる」と言います。その喜びを失っている状態を「死んでいる」と言うのです。その喜びとは、人と人との交わり、神さまと人との交わりの中で、自分が相手に認められ、喜んで受け入れられていると感じ、また自分も相手を心から受け入れて、お互いのその関係の中で幸せを感じていることです。

この放蕩息子はそのような本当の幸せを経験していませんでした。たとえ一時はお大尽《だいじん》として遊興の楽しみに耽ることができたとしても、銭の力で達成された見せかけの快楽ははかなく、そこに本当の幸せはなかったのです。だから父親はそんな息子のことを「**死んでいた**」と言うのです。

イエスのこの表現の癖は『ヨハネ』にもはっきりと現われています。

すなわち、父が**死者**を復活させて命をお与えになるように、子も、与えたいと思う者に命を与える。
（ヨハネ五・二一／新共同訳）

はっきり言っておく。**死んだ者**が神の子の声を聞く時が来る。今やその時である。その声を聞いた者は生きる。
（ヨハネ五・二五／新共同訳）

福音書の記事から判断して、本当に死んだのかどうか疑いの余地のないでもないヤイロの娘とナインの少年を除いても、イエスはラザロだけは本当に生き返らせたようです。これ以外に本当に死んでしまってから生きた人間は誰もいません。父である神さまが復活させた死者というのはそのほかには皆無です。だから、「父が死者を復活させて命をお与えになる」というのは一般的な事実ではありません。とすると、この「死者」もイエス独特の意味合いで言われるところの死人でありましょう。「死んだ者が神の子の声を聞く」というのも、ナンセンスな話で、死んだ人間が人の声を聞くことなどできる道理がなく、その声を聞いた者が「生きる」というのも文字通りには意味のない言葉です。

こういうわけで、『ヨハネ』のこの箇所の死人も、実は「生きているのに死んでいるような人」のことです。だから『ガリラヤのイェシュー』では、この死人を敢えて「生き死人《しびと》」と訳しました。「命」とは「活き活きと生きる力」。「復活」はギリシャ語の動詞アニステーミの名詞形アナスタシスの訳で、もともとの意味は「立ちあがる／立ちあがらせる」という意味です。それならこれは死者のよみがえりを意味する「復活」に限定する必要はなく、「立ちあがらせる」でいいでしょう。

父《とと》さまは
生き死人《しびと》らを立ち上がらせて、
活き活きと生きる力をお与えなさる。
息子もやっぱりそのように
そうしてやりたく思う者に
活き活きと生きる力を与えてやるのだ。

（ヨハネ五・二一／ガリラヤのイェシュー）

お前さんたちに
キッチリシッカリ言っておく。
時が来る。
何、もう、既に来ているよ。
神さまの息子の声が
生き死人《しびと》らの耳にも届く。
それ聞く者は活き活き生きる。

（ヨハネ五・二五／ガリラヤのイェシュー）

四十四　このお宮をぶっこわせ！

イェシューさまはその人たちに答えて、鼻息も荒々しく、こう言い放った。

「このお宮をぶっ壊せ！　三日で建てる。」

ユダヤ人［の頭］たちは鼻先で笑い、冷たくこう言った。

「四十と六年かけてこのお宮を建立《こんりゅう》したんや。それを其《そ》の方《ほう》は三日で建てると申すか？」

そうではなかった。その時、イェシューさまは、我が身のことをお宮にたとえて言いなさったのだ。それで、後にイェシューさまが死人《しびと》の中から生き返らされた時、弟子たちは改めてイェシューさまの言いなさったこのことを思い出して、尊《たっと》き書き物に書いてあったことと、イェシューさまの言いなさったことは本当だったのだと思い知ったのであった。


（ヨハネ二・一九～二二／ガリラヤのイェシュー）

イエスがエルサレム神殿に上って、神域で商売をしている犠牲獣の売り手や両替屋を追い払って、大暴れをしました。こんなことをされたら神殿側は深刻な経済的打撃を受けます。

驚いた彼らはイエスを尋問しました。お前がこんなことをするからには、それ相応の何らかの権威なり力なりを持っているつもりだろうが、それは何だ、示してみろというのです。それにイエスが答えての問答です。「このお宮を打ち壊せ。三日で建てる」と彼は言い放つ。『新共同訳』では「この神殿を壊してみよ」と訳していますが、これは「試しにこの神殿を壊して、どうなるか見たらどうだ」という含みです。あくまでも架空のこととして話していることになります。しかし、原文のギリシャ語はそんな悠長なことではありません。単純な命令形で「壊せ！」です。彼は架空の話をしているのではないのです。

エルサレム神殿には民族の長い苦難の歴史がこもっています。その最初のものは紀元前十世紀、イスラエルの国が繁栄の絶頂にあったソロモン王の時代に建立されました。紀元前五八七年、バビロニアのネブカドネザル大王によってエルサレムが陥落し、神殿は徹底的に破壊され、ユダヤの主要な階層はバビロンに連行されて、長い捕囚時代が始まります。

バビロニアを滅ぼしたペルシャのキュロス大王によってユダヤ人は故郷に帰還し、紀元前五一六年、ゾロバベルの指導のもとに第二神殿が落成しました。ペルシャはやがてギリシャのアレクサンドロス大王によって滅ぼされ、大王の死後ユダヤはセレウコス朝の支配下に置かれました。滔々《とうとう》たるヘレニズムの浸透の前にユダヤ教は存亡の危機にさらされ、紀元前一六七年、エルサレム神殿にギリシャ人の拝むゼウス神像が建てられ、聖域は神殿娼婦の巣窟となりました。

ここにいたって祭司マカバイの一族を中心とした大反乱が起こり、ユダヤは独立を達成し、神殿を清めて、神権政治の時代が始まります。やがてユダヤは新興ローマ帝国に征服され、イドマヤ出身のヘロデ大王の支配下に置かれました。大王は第二神殿を改修して壮麗なものにしました。イエスの時代の神殿はこうしてそこに建っていたのです。

そしてイエスは言います。「このお宮をぶっ壊せ。三日で建てる」

民族の千年にもわたる信仰と苦難の歴史に彩られた神聖なる神さまの宮居を「壊せ！」とは何事か！

『新共同訳』では「三日で建て直して見せる」と力を誇示するような雰囲気で訳していますが、原文は単純な動詞の未来形で「建てる」と言っているだけです。

これを聞いてユダヤ人指導者たちは開いた口が塞がらない。

「この神殿を建てるのに四十六年もかかったんだ。それをお前は三日で建てるのというのか！」

ここで著者ヨハネの註釈が入ります。

「そうではなかった。イエスは自分の体のことを神殿にたとえたのだ。イエスが死んで復活したときに、弟子たちはこの言葉を思い出したものだ」とあります。しかし、これはあくまでも著者ヨハネのずっと後になってからの解釈です。イエスが本当にそのつもりで言ったのかどうか、わかりません。イエスは何も言っていないからです。

わたしはこれはヨハネの深読みのしすぎだと思います。イエスという人物は結構怒りっぽいところがあります。せっかくイエスの身の上を心配して、イエスの短兵急《たんぺいきゅう》な物言いにあれこれと諌《いさ》めごとを言うペトロを「サタン、さがれ！」と頭ごなしに怒鳴りつけたりしました。この神殿での事件を考えると、イエスはこのとき猛烈に怒り狂っていました。太縄を振り回して境内のソロモン回廊を暴れ回り、羊や牛を追い散らし、商人どもを叩きだし、両替屋の机を蹴倒して、銭をあたりにばらまきました。その興奮のさめやらぬ鼻息も荒いイエスです。

「このお宮をぶっ壊せ！」

彼は本気でそう叫んだのです。自分が死んで三日目によみがえるなど、そんなこと、これっぽちも考えていなかったに違いありません。今や「追い剝ぎの巣」と化しているこんな神殿など、本当にぶっ壊してしまえ、こんなものにはもう存在意義はないんだ、俺は人々の心の中に本当の神殿を三日で造るぞと彼は叫んでいるのです。

四十五──サマリアの井戸のほとりで

「エルサレム神殿だけが尊いなどという時代は終わったのだ。こんなものはもう無用なのだ」とイエスが考えていたと思われる強力な傍証《ぼうしょう》があります。

あの事件の後、イエスはエルサレムにいるのが危険になって、ヨルダン川のほとりに行き、そこで人々に洗礼を授けていましたが、彼の人気がますます高くなるのでファリサイ衆はイエスを捕らえようとして捕り手を放ったらしい。イエスは危険を察知してガリラヤに逃げます。しかし、表街道を避け、ユダヤ人の嫌うサマリアに駆けこみ、裏街道を逃げます。そこで、ヤコブの井戸と呼ばれる井戸のそばで、一人のサマリア女と交わした興味深い会話がヨハネ四章に記録されています。

この時、サマリア女が言います。山形県鶴岡の言葉で訳しています。

「ほんでの……、私《おれ》がだサマリア衆《しょ》の御先祖《ゴせんぞ》さまはの、今《いま》までこっちの山《やま》の上《うえ》で神様《かみさま》を拝《ゴおが》み申《も》して来《き》たんだどもの（来たのですけれどもね）、お前《めァ》はんがだユダヤ衆《しょ》は神様《かみさまど》を拝《ゴおが》み申《も》す所《どゴろァ》はヒエロソリュマ（エルサレム）の他《ほガ》にァねァって言《い》ってますがの？」

女はユダヤ人とサマリア人の宗教的対立の原点を話題にしてイエスの答えを求めています。これは非常に危険な質問でした。へたな答えをしたら、イエスはサマリア人に殺されかねません。

ユダヤ人が長いバビロン捕囚から帰国して、廃虚となっていたエルサレムにもう一度神殿を建築し始めたときのことです。サマリア人たちは非常に喜びました。彼らはユダ王国よりも前にアッシリアに滅ぼされた北イスラエル王国の残された民です。アッシリアはこの地の主立った住民を拉致して行きましたが、下々の階級の者はそのまま残されていました。そこに外国から移民が送りこまれ、混血してできたのがサマリア人です。混血したとは言え、彼らは先祖の宗教を守って貧苦の中で細々と暮していました。そこへ自分たちの兄弟ともいえるユダヤ人たちが帰還してきて、エルサレムに第二神殿を建設し始めたのです。サマリア人は欣喜雀躍《きんきじゃくやく》、大喜びしました。待ちに待った日がとうとうやって来た。自分たちも聖なる神殿の建設に加えていただきたい。これからはイスラエル十二部族、力を合わせて新しい国を作って行こう！　こう言ってエルサレムに馳せ参じたのです。

ところが何としたことでしょう。ユダヤ人はこのサマリア人の申し出を拒絶したのです。

理由は「お前たちは穢《けが》らわしい夷狄《いてき》（異民族）の血の混じった穢れ人だ。少しの穢れもなく清らかでなければならない神殿の建設にお前たちの穢れた手が触れることは断じてあってはならない！」ということでした。これがどんなにサマリア人を傷つけたか、本当に気の毒です。こうしてこの二つの兄弟民族の間に血で血を洗う醜い争いが起きました。サマリア人はゲリジム山に自分たちの神殿を造り、そこで神さまを礼拝しました。ユダヤ人はこれを襲って多くの人を殺し、破壊しました。まったく愚かなことです。

こういう事情がありますから、イエスがユダヤ人である以上、「神さまを拝み申すところはエルサレムに決まっている」と答えざるを得ないし、それ以外の答えはありえません。このサマリア女はなかなか意地悪ですね。こうしてイエスを値踏みしているようです。

そのときのイエスの答えが、おもしろい。

母さん、
俺の言うことを信用しなされ。
やれ、こっちの山でなければならない、
やれ、ヒエロソリュマ（＝エルサレムのギリシャ風雅語）でなければならぬと、
分けて隔てることのなく、

父《とと》さまを拝む日が来る。

（ヨハネ四・二一／ガリラヤのイェシュー）

これはその時代のユダヤ人、あるいはサマリア人の誰一人として考えたことのない答でした。「やれ、エルサレムでなければならないの、やれ、ゲリジム山でなければならないのと、まったくばかげている。天のお父さまを拝み申すに場所は関係ない。みんなが好きなところで、どこででも、拝み申す、そこに差別などない、そういう日が来る」というのです。これは神殿を中心に営まれていたユダヤ教を完全に否定してしまう言葉です。そんなものにしがみつくから、ユダヤ人とサマリア人の不毛な対立も起きるというものだということでしょう。

この言葉と、先の「この神殿をぶっ壊せ！」という激しい言葉とは対になっているとわたしは思います。「三日で建てる」というのも、これと同じ文脈で考えます。

「追い剝ぎの巣になった神殿など、もう無用の長物だ。そんなものはかえって邪魔だ。これからはエルサレム神殿も聖なるゲリジム山も関係ない。神さまを大切に思う一人ひとりの心の中に本当の神殿を造るのだ。だから、こんな神殿などぶっ壊せ。俺は人間の心に本当の神殿を三日で造るぞ！」

……とイエスは叫ぶのです。

四十六 イエスの奇妙な自己紹介

「ヨハネ福音書は難解だ」とはよく聞く言葉です。たしかに、これまでの日本語訳の聖書を読んでいると、意味のわからない文が出てきて、困惑することが多い。なぜそうなのか、『ヨハネ』の翻訳を通じてわたしが悩み、考えたことを述べてみます。

ヨハネ福音書にはイエスの自己紹介の文がよく出てきます。ヨハネ福音書全体がイエスの自己紹介だと言ってもいいほどです。ところがその自己紹介たるや、まことに奇妙なものです。『ヨハネ』が難解なのは、イエスのわけのわからない自己紹介のせいだと言ってもいいぐらいです。

イエスは言います。以下は『新共同訳』。

わたしは良い羊飼いである。（ヨハネ一〇・一四）
わたしはまことのぶどうの木。（ヨハネ一五・一）
わたしは門である。（ヨハネ一〇・九）
わたしは道であり、真理であり、命である。（ヨハネ一四・六）

わたしは復活であり、命である。

（ヨハネ一一・二五）

イエスは大工でした。旅の説教師であり、不思議議な超能力で病を治す「まじない師」でもありました。でも、羊飼いではなかった。またイエスはれっきとした人間で、ぶどうの木でも羊囲いの柵の門でも道路でもありません。つまりこれらは真っ赤な嘘です。

もちろんわたしたちは、まさかイエスが嘘をついているとは思いません。これはもののたとえだと推測します。それはわたしたちが、イエスが実際には羊飼いではなかったことを知っているし、イエスが嘘つきではないという善意の先入観を持っているからです。もしそうしたことがなかったら、読者はイエスを本当に羊飼いだと誤解するでしょう。誤解を与えない文にするには「わたしはよい羊飼いみたいだ」と言えばよい。

特別な情報を持っている人以外に通じない文は、不完全です。そういう情報を持たない人にも、意味をきちんと伝えられるような文が完全な文です。この意味で「わたしはよい羊飼いだ」という文は不完全な文です。完全な文にするためには是非ともこの「〜みたい」がなければなりません。

よい羊飼いは羊の一匹一匹をそれはそれは可愛がり、可愛い羊のためならば、命も惜しまないと、イエスは言います。われわれの伝統文化にはないことなのでピンと来ませんが、このたとえを理解するには羊飼いという職業についての知識が必要でしょう。

羊は、長いこと家畜として暮らしているために野生の帰巣本能が乏しく、朝から晩まで世話してやらないと、道には迷うし、狼には襲われるし、実に手間のかかるものだそうです。それで羊飼いは年中羊とともに暮し、ともに寝起きし、人とつき合う機会もあまりないほど忙しいそうです。羊の一匹一匹に対して強い愛着を持ち、それぞれに名前をつけて可愛がる。よい羊飼いは愛しい羊のためならば命も棄てるとイエスは言います。イエスは、人々の一人ひとりをそれほどの深い情愛をもって大事に思っていると言いたくて、「わたしは良い羊飼い（みたい）だ」と言ったのです。

ほかの文にもこのやり方を応用してみましょう。「わたしはぶどうの木みたいだ」、「わたしは羊囲いの門みたいだ」、「わたしは道みたいだ」としてみます。誤解の余地のない文になりました。原文にない「〜みたい」ですが、これを挿入することでとにかく日本語として意味の通る文にはなります。でも、これで万事解決したわけではありません。なぜイエスが道みたいなのか、門みたいなのかということは、その前後のイエスの言葉を聞けば納得がゆくはずです。

でも次の例はどうでしょう。原文は直訳すればこうです。

エゴー（わたしは）エイミ（である）ヘー・アナスタシス（復活）
エゴー（わたしは）エイミ（である）ヘー・アレーテイア（真理）

困りました。原文のどこにも「～みたい」にあたる語がありません。

「わたしは真理である」という意味もよくわかりません。「わたしは真理みたいだ」と言い直しても、意味が通じません。

「わたし」というのは一箇の人間です。骨も肉も皮もあり、血管には血が流れていて、手足で動いて、飯を食って……と、そういう実体のある〈もの〉です。ところが「真理」というのは、あくまでも頭の中で考えた〈こと〉、概念です。実体などありません。

国語辞典を調べてみると、真理とは「ある物事に対して例外なく当てはまり、それ以外には考えられないとされる知識や判断」だとあります。知識とか判断というものは、心の働きであって、見ることも触《ふ》れることもできません。そういう〈こと〉と「わたし」という〈もの〉とがどうして同じなのでしょう。まるきり筋の通らない文ではないでしょうか。

これは「～みたい」を補えば話が通ずるという「羊飼い・ぶどうの木・門・道」の場合とは根本的に違う問題です。一体、イエスは何を言いたくて、こんなことを言うのでしょう。

四十七　ものごと調和の法則

わけのわからないことでは「わたしは命である」とか「わたしは復活である」という言葉も同じです。「命」というのは「ものを生かす力」のことです。それは見ることも聞くことも触れることもできません。まして「復活」とは「死んだ人が生き返ること」です。そういう現象がどうして「わたし」という人間と同じになるのでしょう。こんな文は日本語としてもケセン語としても意味が通らないではありませんか。

そこで実験をしました。「AはBである」という形の文の、AとBにいろいろなものを入れてみたのです。いくつかの例を挙げましょう。

わたしは男である
男は船乗りである。
その船乗りは漁師である。

すべて意味が通じます。これらはAもBも現実に存在するもの同士の組み合わせです。

わたしは勇気である
山は理想である。
海は絶望である。

これらは論理的な文とは言えません。何を言おうとしているのか、わかりません。現代詩の詩人はよくこんな言葉をもてあそびます。たぶん「わたしは勇敢な人間だ」とか「山を見ると心に理想が湧いてくる」とか「海を見ると人生に対する絶望感に襲われる」という意味かなあと読者は空想力をかき立てられます。でも、「わたしは常に勇気にあふれて暴走し、理性のかけらもない人間だ」とか「山は登るのが困難だから、理想と同じだ」とか「海産業には未来がない」という意味なのかも知れません。憶測を逞しくすることはできても、その意味を特定できないのです。

これらの文の構造を見ますと、Aが現実に存在する〈もの〉であり、Bが現実には実体として存在しない、心で考えた〈こと〉を表わす名詞です。前者を〈もの名詞〉と呼び、後者を〈こと名詞〉と呼ぶことにします。

こうしていろいろの組み合わせを検討してみると、「〈もの〉は〈もの〉である」という文は意味を持つ文になりますが、「〈もの〉は〈こと〉である」という文は、きちんとした意味を持てないということが見えてきました。「わたしは真理である」という文もこの類だということになります。

「〈こと〉は〈もの〉である」という組み合わせはどうでしょう。

空想はミミズである。
愛は糠味噌である。
憎しみは竿竹である。

わかったような、わからないような、なぞなぞ遊びです。これも「〈もの〉は〈こと〉である」の場合と同じで、非論理的です。

最後に「〈こと〉は〈こと〉である」の組み合わせはどうでしょう。

真理は独善である。
正義は権力である。
悪徳はときに美徳である。

事の当否は別として、文としてこれらは完全に意味が通ります。

以上のことから、日本語における「AはBである」という文では、AとBとは共に〈もの〉であるか、あるいは共に〈こと〉であるという同質の名詞同士の組み合わせの時には文が意味のあるものとして成立し、これが異質の名詞同士の組み合わせになると意味のある文にはならないという法則が見えてきました。わたしはこの法則を「ものごと調和の法則」と名づけました。

ヨハネ福音書が難解だといわれる理由は、この「ものごと調和の法則」に違反する文のせいです。では、なぜこういうことになるのでしょうか。

多くの方々にこのことについて質問をしました。戻ってくる答えはたいてい「これは陰喩というものだ。抽象的な詩的表現なのだ」ということでした。その内容については多くの含みがあり、聖書全編を熟読玩味して、思索に思索を重ねた末にたどり着く奥義であり、その神秘性の故に、これらの言葉は素晴らしく、玄妙な真理を表現するということでした。むしろ、一つの意味に固定してしまうほうが危険であり、折角の真理を矮小化するから、そんなことはしないほうがいいのだという御意見もありました。納得がゆきません。

四十八　解けた謎

わたしの混乱に突破口を開けて下さったのは、畏友・崎谷満先生（医学博士、言語学者）でした。

「ギリシャ哲学の理解では、《主語《ウーシア》》という語は、動詞エイミ（在る）の現在分詞女性形ウーサに抽象名詞語尾イアをつけたもので、それ自体が存在を措定《そてい》（対象として規定する）している。主語はそれが参照するものの存在を措定する機能がある。一方、主語を規定する主格補語と言われるものは、ギリシャ語では述語として把握され、存在措定された主語をその属性によって規定するものである。したがって、述語によって主語の本質が明らかにされるということになる」

この短い言葉から、わたしなりに理解したことは次のようでした。

「わたしは羊飼いである」という文の主語は「わたし」、「主格補語」というのは「羊飼い」です。ところで日本語の感覚では、名詞は常に「存在するものごと」を表わします。これは名詞が文のどこに置かれようと同じことです。ですから「わたしは大工である」というのは「わたしというもの（実体的存在）は、大工というもの（実体的存在）である」という意味になります。これは「ものごと調和の法則」にかなっているので、日本語として理解可能な文です。ところが「わたしというもの（実体的存在）は、真理ということ（概念的存在）である」と言ったら、「もののごと調和の法則」に違反し、意味の通らない文になります。

問題解決の鍵は「補語に置かれる名詞は主語の属性を表わし、それ自体は存在を措定されない」というギリシャ語の基本原則でしょう。

日本語の名詞は常に存在するものごとという認識から離れられないものです。だから、ギリシャ語文の主格補語となっている名詞を日本語の名詞で翻訳してはいけないのです。主格補語になっている名詞の表わす内容を、日本語では主語の属性を表わす言葉、動詞あるいは形容詞、形容動詞で表わさなければなりません。

「わたしは真理である」は「わたしという存在には、《真理》という〈こと〉の示す意味内容が、属性として備わっている」と言えばよい。「真理」とは「ある物事に対して例外なく当てはまり、それ以外には考えられないとされる知識や判断」であり、聖書の文脈から「ある物事」とは「人間が本当の意味で幸せになること」と考えられるので、「わたしは、誰でもが幸せになれる、なり方を知っている」ということになります。

ここまでわかると、ことは一瀉千里《いっしゃせんり》に片づきます。日本語の名詞は常に「存在するものごと」であるからこそ、「AはBである」という文は「ものごと調和の法則」に支配されなければなりません。

「わたしはよい羊飼いだ」という文は「ものごと調和」にかなっている理解可能な文です。しかし、イエスは大工であって羊飼ではないので、これを額面通りに取れば虚偽の自己紹介ということになります。この文は、実は「わたしはよい羊飼いのようだ」という類似表現文の「のよう」という語が省略されていると解釈し、これを補って属性表現とすればよく理解できます。日本語では、「〜のよう(だ)」や「〜みたい(だ)」を名詞の後ろにくっつけると、全体で主語の属性を表現する形容動詞句となりますから、それ自体に存在の認識を伴いません。

ヨハネ十五章一節(新共同訳)「わたしはまことのぶどうの木、わたしの父は農夫である」という文で、「わたしはぶどうの木である」も、「ものごと調和」を乱してはいませんが、イエスは木ではありませんから、このままでは偽りになります。これは「わたしはぶどうの木のようだ」と訳せばよい。そしてそれに続く「父(神さま)は百姓だ」も、「父はそれを世話して下さる百姓のようだ」とすれば意味の明確な完全な文になります。

「わたしは羊囲いの門である」も同じ。「わたしは羊囲いの門のようだ」としましょう。羊は羊囲いの柵によって守られ、戸口を通って青草の茂る野に連れ出され、夕方にはまたこの戸口を通って安全な柵の中に導き入れられます。イエスはそれに自分をたとえているのです。

同様に「わたしは道である」も「わたしは道のようだ」としましょう。でも、これでもイエスの言わんとするところが、いま一つよくわかりません。そういうときには、「道」とは何かということを考えます。道とは、人を目的地まで導くものです。この場合の目的地とは「本当の幸せ」です。それがわかれば、「道」という名詞にこだわる必要はありません。「わたしは、人をまことの幸せに導く」というのが、この文の正しい訳になります。

「わたしは真理である」は先ほど考察したように「わたしは、誰でもが幸せになれる、なり方を知っている」となります。

「わたしは命である」は「わたしは人を活き活きと生かす」という意味です。

「わたしは復活である」の「復活」はアナスタシスで、もともとは動詞アニステーミ（立ちあがらせる／立ちあがる）の名詞形です。アナスタシスは「立ちあがらせること」という意味です。イエスはこの「立ちあがらせる」という性質を、自らの存在の本質的な属性として具備していると言っているのです。だからこれは「わたしは（ぶっ倒れている人を）また立ちあがらせる」と言っているのであります。

ものがたり

シュロミット――❹

でも、そんな楽しい日にも終わりが来ました。あたしが九つのとき、あの恐ろしいレギオンがまた村を襲ったのです。

確か最初にやられたのは、ミリアムちゃんという女の子でした。またミリアムね。この名前、ほんとに多いのね。このミリアムちゃんは親戚の結婚式があったとかで、家族五人でケファルナフムの町に出かけて行ったのです。この町は東のガリル湖の岸にある漁師町で、この地方では指折りの町です。ここ、ナツェラット村からはいくつもの山を越えて、アルベール谷という所を通ってミグダルの町に出て、そこから湖の岸辺沿いに北の方へ行くと、あります。十里ほどの道程ですから、歩いてまる一日かかります。

何でもケファルナフムではレギオンが暴れ始めていて、大勢の人が高い熱をだし、咳に苦しめられて寝込んでいたとか。結婚式の場でもゼホゼホ苦しそうな咳をしていた人がかなりいたみたい。で、そんな所にいったものだから、ミリアムちゃんも魔物に取り憑《っ》かれたようなのです。ナツェラットに帰り着くなり、ひどい熱をだして苦しみ、かわいそうにとうとう死んでしまいました。

それからが大変でした。死んだミリアムちゃんの体から出たレギオンは大勢の仲間を村に呼び集めたようなのです。そして村中の人がこれらに取り憑かれて、バタバタ倒れました。

うちもそうです。

まず母さんが倒れました。それからイエシュー兄ちゃん。そして小さいデボラ。次々と具合が悪くなり、まっ赤な顔をして、高い熱をだしました。

ゴホゴホとひどい咳に苦しめられ、体中が痛みました。あたしもそうです。

ええ、忘れるものですか。火のように熱い熱をだして、意識も朦朧《もうろう》としていたデボラちゃんが、いきなり戸口のほうを指差して叫んだのです。「真っ黒な山羊みたいなおじさんが角の生えたこわい顔でこっちを睨《にら》んでる！」って。あたしたちはみんな震え上がりました。デボラちゃんの幼い目には悪霊の姿が見えたのね。

父さんは村のラビのところに走りました。悪魔払いをしてもらわなければなりません。年取ったラビが手に水桶とヒソプの草の束を持ってやって来ました。老人なのに坂道を急がせられてきたせいでしょうか、ゼーゼーと息を切らし、咳き込んでいました。額には大きな革の袋を結びつけています。あの中には尊い神さまの言葉が書いてあるのです。

ラビは家の中の様子を一目見ると、ブツブツ口の中で悪魔払いのおまじないを唱え始めました。それからヒソプの枝にたっぷりと水を含ませ、呪文を唱えながらそれを家の中に振りかけました。病気のあたしたちにもザブザブと振りかけました。

「これで悪魔は退散するだろう」とラビは言って、しきりに咳をしながら戻って行きました。

でも、だめでした。そもそもあの時すでに老ラビにもしっかりと魔物が取り憑いていたので、おまじないが利くはずがなかったのです。

家族みんなに取り憑いた魔物は最後に父さんにまで取り憑きました。でも父さんて、我慢強い人なのです。ひどい熱をだして、歩くのもやっとの有り様なのにフラフラしながら必死で家族の面倒をみました。坂道の下にある泉から、ゼーゼーと苦しい息をし、休み休み重い水がめを運んで来た姿はいまでも覚えています。

（シュミロットのお話は下巻に続きます）

四十九──嬉しさに光り輝く

新約聖書によく出てくる言葉「栄光」もわかったようなわからないような変な言葉であります。こんな言葉は甲子園ぐらいでしか聞くことがありません。

新明解国語辞典には「栄光＝困難を克服して大事業を為し遂げたときの、金では買えない喜び・誇らしさや、高揚した心の状態」とあります。これが日本語としての意味なのですが、新約聖書の栄光をこの意味で読むと何だか変なのです。

ルカ二章九節（新共同訳）のイエス誕生の物語の中で、次のような文があります。

するると、主の天使が近づき、主の**栄光**が周りを照らしたので、彼らは非常に恐れた。

これだと「栄光」というのは光の一種で、神さまの周りに照り輝くもののようです。

続いてルカ二章十四節に、天使と天の大軍が歌ったという歌の歌詞で「いと高きところには栄光、神にあれ」とあります。これも神さまの周りに輝く光のことのようです。とすると日本語の「栄光」の意味とは、ずれてしまいます。

ところが、聖書に出てくる「栄光」が常に光のことかというと、どうもそうではないようで、そんな例はヨハネ福音書にたくさんあります。

今や、人の子は**栄光**を受けた。神も人の子によって**栄光**をお受けになった。神が人の子によって**栄光**をお受けになったのであれば、神も御自身によって人の子に**栄光**をお与えになる。

（ヨハネ一三・三一～三二／新共同訳）

これを「光」のことと考えると、まるっきり文意が汲み取れません。

では国語辞典にあるような意味かというと、それも変です。神さまが栄光を受けるとありますが、神さまに困難などあるはずもなく、まして「金では買えない喜び」とあっては、神さまもお金で左右される存在になってしまいます。

「栄光」と訳されているのはドクサです。ギリシャ語の辞書には「名声、栄誉、尊敬、称賛、輝き、栄光、尊厳、偉大、威光、御稜威《みいつ》」、動詞形ドクサゾーは「称賛する、讃美する、敬う、崇める、尊ぶ、誇る、傲る、栄光を帰する」だそうです。

新約聖書では、名詞・動詞ふくめてドクサ／ドクサゾーは、『マタイ』に八、『マルコ』に四、『ルカ』に二十一、『ヨハネ』に四十二。『ヨハネ』は圧倒的に「栄光好き」です。

「栄光」という訳を一旦忘れることにして、ドクサの箇所を空欄にして考えてみました。『ヨハネ』の四十二ものドクサを文脈から考えてみると、どうもこれは「認められ、受け入れられ、尊敬され、重んじられ、ほめられた嬉しさで、太陽の百万倍も明るく光り輝くような気持ち」のことらしいということが見えてきました。

例えば、自分が何か一所懸命に働いて、それが人に認められ、重んじられたときの嬉しさはすばらしいものですし、父親は息子が百点満点の答案を持って、先生や仲間にほめられて、意気揚々と帰ってくるのを見ると、自分がほめられたよりももっと嬉しく、光り輝く気分になります。この喜びがドクサの本体らしいと気づきました。人と人との交わりの中で相手から承認された喜びといってもいいと思います。

ドクサが成立するには相手が必要です。「人のまことの幸せ」というのは『ヨハネ福音書』の基本的な主題ですが、それがこのドクサです。神さまは御自分を力とも頼りとも慕う人を御覧になると、ドクサの喜びに満ちあふれ、太陽の百万倍も光り輝くのです。「神さまをドクサゾーする」というのはそういうことです。

「神さまが栄光を受けた」とか、「神さまに栄光を帰する」などと訳されては何のことかわかりませんが、「神さま、あなたさまは何と素晴らしいお方でございましょう！」と心からお慕い申し上げるとき、神さまはそういうあなたが愛しくて、嬉しさに光り輝き、「そのままのお前でいいんだよ！」としっかりと抱きしめてくださる。神さまとはそういうお方なのだと言うのです。
　そこで先の個所を次のように訳してみました。

今、俺は
《人の子》として認められた。
《人の子》の働きで
人は神さまの
有難さがわかり申した。

《人の子》の働きで
神さまの有難さが現われたからには、
よくぞやったと神さまも
自《みず》ら《人の子》をお認めなさる。
今《人の子》をお誉《ほ》めくださる。

（ヨハネ一三・三一〜三二／ガリラヤのイェシュー）

五十　腐れパン種

イエスはパン種（ギリシャ語ではズュメー）のたとえ話をよく持ちだします。

天の国はパン種に似ている。女がこれを取って三サトンの粉に混ぜると、やがて全体が膨れる。
（マタイ一三・三三／新共同訳）

小麦粉を水で練って、室温に放置しておくと、自然界のどこにでもいる酵母菌《こうぼ》がやがてパン粉の中で増殖し、醱酵《はっこう》します。つまり、パン粉を食って増えるのです。その際に大量の炭酸ガスを発生するので、練ったパン粉の塊の中に大小無数のあぶくが生じ、フワフワにふくれあがります。そこを見計らって窯《かまど》で焼くと、ふっくらとしたおいしいパンができあがります。焼かずにそのまま放置すれば、ほかの細菌も増殖し、パン粉は腐って悪臭を発し、食べられなくなります。

パンは焼き立てほどおいしいので、必要なときにその都度焼きました。通常、毎朝の女たちの仕事です。こね鉢の底に前の日こねたパン粉の残りが少々残っています。この腐りかけのものをズュメー、パン種といいます。これを新しいねり粉に混ぜると、効率よく醱酵します。急ぐときには発酵を待っていられないのでパン種を入れずに焼きました。ズュメーは食生活上は大切なものですが、ユダヤ人の感覚では腐敗の象徴で、穢《けが》れと見なされました。

「天の国＝神さまのお取り仕切り」がパン種に似ているというのはどういうことでしょう。日曜日のミサのお説教では、パン粉は人間社会のこと、パン種はイエスの教えを身に受けた人々、つまりわれわれのこと。たとえ人数は少なくても、社会の中で熱心にイエスの教えを実践すると、やがて社会全体がすばらしい変化を遂げ、神さまのお心が実現するようになる。パン粉の中に入れられたパン種はごくわずかで、外からは姿も見えないが、小さなものによって大きな仕事をなさる神さまに信頼して、よき道具となり、この世の中をすばらしいものにするパン種になろう。……と、こういう趣旨でありました。

だから、パン種というものはすばらしいものなんだとずっとわたしは思いこんでいたのですが、聖書をよく読んでみると、どうもそうでもないらしいのです。

イエスは彼らに、「ファリサイ派とサドカイ派の人々のパン種によく注意しなさい」と言われた。

（マタイ 一六・六／新共同訳）

ガリラヤ湖を船で渡っていたときに、イエスがふと語ったせりふです。この話ではパン種は人々の魂を腐敗させるもののたとえです。

パン種を悪い意味で用いる例は、パウロ書簡にも現われます。コリントの教会で、ある男が父の妻、多分後妻でしょうが、これと不倫関係にあった。あきれた話ですが、教会の中ではそれが顰蹙《ひんしゅく》を買いながらも半ば黙認されていたようです。パウロはこれを見てカンカンに腹を立てました。

あなたがたが誇っているのは、よくない。わずかなパン種が練り粉全体を膨らませることを、知らないのですか。いつも新しい練り粉のままでいられるように、古いパン種をきれいに取り除きなさい。現に、あなたがたはパン種の入っていない者なのです。キリストが、わたしたちの過越《すぎこし》の小羊として屠《ほふ》られたからです。だから、古いパン種や悪意と邪悪のパン種を用いないで、パン種の入っていない、純粋で真実のパンで過越祭《すぎこしさい》を祝おうではありませんか。

（コリント前五・六〜八／新共同訳）

パン種とはあの不倫男です。練り粉がパン種によってふくらませられることは腐敗のたとえ、パン種は悪意と邪悪のたとえ。パウロがパン種を腐敗堕落のたとえとしているところはほかにもいくつかあります。ユダヤ社会にあって、パン種のイメージは芳しくない。

とすると、「天の国はパン種に似ている」というイエスの言葉は、どう解釈したらいいのでしょう。パウロによればキリスト信者は「邪悪のパン種」の混じっていない「純粋で真実の者」なのですが、これではイエスの「天の国はパン種だ」という言葉とは反対です。

おそらくイエスの「天の国はパン種みたいだ」という言葉はいい意味で言ったものではない。わたしはこれをイエスお得意の逆説的毒舌だと思います。熱心な律法の伝統によって強固に築き上げられたユダヤ教社会にとって、イエスの「神さまのお取り仕切り運動」は腐敗としか映りません。イエスの教えが彼らにとって「腐れパン種」です。

三サトンとはおよそ二斗。こんな大量の小麦粉を練るというのは大勢の使用人を使っている大旦那の家の台所で働く婢《はしため》の仕事でしょう。この現場感覚も忘れてはなりますまい。またユダヤ的視点では穢れでも、実はおいしいパンを作る大切な方法なのだと、彼は生活者としてのおおらかな現場感覚で示しているようでもあります。「穢れだ」と言いながら、ファリサイ衆の旦那がたも毎日「腐れパン種」でふっくらとおいしく焼いたパンを召しあがっていらっしゃる。

こういうわけで、わたしはズュメー（パン種）を「腐れパン種」と訳します。

五十一　俺は俺だ

『新共同訳』の『ヨハネ』を読むと、次のような箇所に出くわします。

「**わたしはある**」ということを信じないならば、あなたたちは自分の罪のうちに死ぬことになる。（ヨハネ八・二四）

そこで、イエスは言われた。「あなたたちは、人の子を上げたときに初めて、『**わたしはある**』ということ、また、わたしが、自分勝手には何もせず、ただ、父に教えられたとおりに話していることが分かるだろう。（ヨハネ八・二八）

イエスは言われた。「はっきり言っておく。アブラハムが生まれる前から、『**わたしはある**。』」（ヨハネ八・五八）

事の起こる前に、今、言っておく。事が起こったとき、『**わたしはある**』ということを、あなたがたが信じるようになるためである。

（ヨハネ一三・一九）

実に面妖《めんよう》な言葉だと思いませんか。

この「**わたしはある**」は、旧約聖書にただ一箇所出てくる神さまのお名前だといいますが、それは次のような言葉によります。

神はモーセに、「**わたしはある。わたしはあるという者だ**」と言われ、また、「イスラエルの人々にこう言うがよい。『**わたしはある**』という方がわたしをあなたたちに遣わされたのだと。」

（出エジプト三・一四／新共同訳）

エジプトの王宮で育ったモーセが民族意識に目覚め、同胞を奴隷として虐待するエジプト人を殺してしまいました。彼は逃げて、荒れ野の遊牧民ミディアン族のもとで暮らしました。ある日ホレブ山で、燃えているのに焼けない不思議な柴を見ました。神さまの声が燃える柴の中からモーセに呼びかけ、イスラエルの民をエジプトから連れ出せと命じました。モーセは「イスラエル人を説得するためです。お名前をお教えください」とお願いしました。その時の神さまの答えがこれ。有名な箇所です。

『ヨハネ』に出てくる「**わたしはある**」は出エジプト記のこの「**わたしはある**」を引用したもので、イエスが自分は神であると言明したことになります。聞いた人は仰天したことでしょう。

ところで、わからないのが「**わたしはある**」です。こんな日本語、聞いたことがない。だから、『「**わたしはある**」ということを信じないならば、あなたたちは自分の罪のうちに死ぬ」という文がどんな意味を持ちえましょう。こんな奇妙な言葉を「わかれ。信じろ。でないとお前たちは罪のうちに死ぬぞ」と脅かされても、途方に暮れます。

出エジプト記に出てくる神さまが御自分の名であるとしたヘブライ語はエヒイェー・アシェル・エヒイェー。これをギリシャ語に訳したのがこのエゴー・エイミで、それをさらに日本語に訳したのが「わたしはある」です。

エヒイェーは動詞ハヤー（ある）の第一人称単数未完了形。アシェルは関係代名詞。だから、英語ならI am who I am. 直訳すれば「俺は、俺がそれであるところのもの、である」となりますが、何ということはない、「**俺は俺だ**」ということです！

考えてみれば当たり前。そもそも名前というものは他の同類のものからその個体を識別するための記号です。犬にもいろいろあるからポチとかシロとか名前をつけて区別するし、人間だって大勢いるのでそれぞれに名前をつけて区別する。ところが、神さまというお方はただお一方、他に区別すべき同類などありません。分類の対象にならないのですから名など不要です。神さまは神さまなのです。

さてそういうわけで「お名前は？」と尋ねられた神さまは「このばかめ！」とお思いになったでしょうが、まあ、仕方がない、「**俺は俺だ**」とおっしゃった……。そうわたしは考えます。

どうも神さまというお方は、なかなかユーモラスなお方でいらっしゃいます。士師記に士師サムソンの不思議な生誕の話が載っています。やがてサムソンの父となる人物であるダン族のマノアという男の妻は不妊症で、彼らには子がなかった。不思議な人物が現われて、彼らに後にイスラエル民族の指導者となる息子を授けると告げた。マノアがこの人に名を聞くと、彼は「わたしは『不思議』だ」と名乗った（士師記一三・一八）。やがてこの人物は、彼らが捧げた捧げ物の炎とともに昇天し、実は神さま御自身だったと知れる、という話です。

こんな名前などあるわけがない。「さあね、不思議だね。一体誰だろうね」と神さまがとぼけてからかっていらっしゃるのです。聞くほうが野暮というものです。

五十二　わたしは神なのだ

さて、神さまが「俺は俺だ」とおっしゃったのはまことにユーモラスです。一度聞いたら忘れられないほど印象的です。ですからユダヤ人たちはだれでもこの言葉をよく知っています。

そういうふうに考えると、前章で引用したヨハネ十三章十九節「事の起こる前に、今、言っておく。事が起こったとき、『**わたしはある**』ということを、あなたがたが信じるようになるためである」（新共同訳）は『ガリラヤのイェシュー』の訳ではこういう具合になります。

事が起きるその前に、
今のうちに言っておく。
いよいよ事が起きる時、
この俺が、

ホレブの山の柴草の

燃えても焼けぬ炎の中で
《俺は俺だ》と言っている
あの《俺》なのだということを
はっきりわかって、本当だと
心にしっかり思えるようにだ。

（ガリラヤのイェシュー）

イエスは神さまが御自分のことをさして言われた「俺」という表現を自分のこととして言っているということになり、「俺こそが神である」と言っていることになります。実に恐るべき発言というほかはありません。聞く者は仰天したことでしょう。

ではやはり前章で引用したヨハネ八章二十四節はどうでしょう。

「**わたしはある**」ということを信じないならば、あなたたちは自分の罪のうちに死ぬことになる。

（新共同訳）

「罪のうちに死ぬ」とは奇妙な言い方です。ここでいう罪とはハマルティアーの訳です。

日本語の「罪」とは倫理あるいは法律に反する行為のこと。でもヨハネ福音書ではハマルティアーをそういう意味では使用していません。本書の五十五章で詳しく説明しますが、これは、人間の持つ根源的な「闇」の状態、つまり「自分は絶対に正しい」と信じて、それに突き進む結果、招き寄せる破滅のことです。その邁進《まいしん》は恐怖によって支えられており、この恐怖を克服しないかぎり、この闇からは抜け出せません。その方法はただ一つ「この俺（イエス＝遣わされた神）を信頼すること」だけ。ですからイエスがハマルティアーというのはただ一つ、「この俺を信頼しないこと」だというのです。

「『**わたしはある**』ということを信じないなら」というのは奇妙な文ですが、神さまの名乗り「俺は俺だ」を挿入して考えれば次のように訳せます。

お前さんたちはみな
迷いっぱなしで死んでしまうと、
だから、俺が言ったのだ。
この俺が、
ホレブの山の柴草《しばくさ》の

燃えても焼けぬ炎の中で

《俺は俺だ》と言っている
あの《俺》なのだということを
心に受けてシッカリと
おのれの力としないなら、
こなたも、そなたも、お前もすべて、
どこを目指《めざ》せばいいものか、
望みとてない闇の中、
迷いっぱなしで野垂《た》れ死ぬ。

（ガリラヤのイェシュー）

いかがでしょう。あの判《はん》じ物《もの》のようなイエスの言葉も、彼の属していた文化と伝統の中での常識や教養を通してみると、謎でも何でもなくて、実に単純明快な宣言であることが見えてきます。

五十三　いかにもそうか

聖書には「証《あか》し」とか「証《あか》しする」という言葉がよく出てきます。国語辞典にはこうあります。

証し＝①証拠・証明。
②後ろ暗くないことの証明。

普通、世間では「証しする」という言い方はしません。「証し」は、「身の証しを立てる」とか、「生きている証しだ」という言い方で用います。「証し」は「あかす」という動詞の連用形から派生した名詞です。クリスチャンと名乗る方々はよく「聖書の学びをする」という奇妙な言い方をします。「聖書を学ぶ」と言えばいいのに、なぜでしょう。これはキリスト教特殊語法です。「証しする」も、この類です。

ところで、聖書で「証しする」という意味は、前後関係からみて「証し＝証明・証拠」と説明する国語辞典の意味とは趣が違います。

『新共同訳』で「証し」は『マタイ』、『マルコ』、『ルカ』にそれぞれ二箇ずつ、『ヨハネ』

に三十四。『ヨハネ』は圧倒的に「証し好き」です。例文を見ましょう。

彼（洗礼者ヨハネ）は光ではなく、光について**証し**をするために来た。（ヨハネ一・八）

はっきり言っておく。わたしたちは知っていることを語り、見たことを**証し**しているのに、あなたがたはわたしたちの**証し**を受け入れない。（ヨハネ三・一一）

もし、わたしが自分自身について**証し**をするなら、その証しは真実ではない。（ヨハネ五・三一）

わたしが王だとは、あなたが言っていることです。わたしは真理について**証し**をするために生まれ、そのためにこの世に来た。真理に属する人は皆、わたしの声を聞く。（ヨハネ一八・三七）

「犬が哺乳類であることを証明する」という文は意味が通りますが、「犬を証明する」は何のことやら見当もつきません。証明とは常に「AがBであることを」が内容として示されなければなりません。A、Bどちらを省いても証明になりません。

「証しする」と訳されたマルテュレオーの意味は、辞書によると「証言する、証人である、証しする」です。日本語の「証言」の意味は次のようです。

証言＝①事実を証明すること。
②証人の陳述。

「証人」とは「裁判所や国会に呼びだされ、実際に見聞した事実を申し述べる人」のことです。話の内容の真偽の証明は必ずしも必要ではありません。証言を保証するのは、「いかにもそうか。あの人が言うのだから、確かだろう」と人に納得させる、人格全体から発する信頼性です。先の例文はこの意味でなら次のように訳せます。（ガリラヤのイェシュー）

その人はその光ではなくて、光についてあまねく世に知らせようとて来た人だ。
（ヨハネ一・八）

そなたには

キッチリシッカリ言っておこう。
俺たちは、自分のわかっていることを述べ、
見たことを見たと言っている。
これは本当だと言っているのに
そなたらは一向《いっこう》本気にしないのだ。
（ヨハネ三・一一）

もし俺が、
俺の言うことは本当なんだと、
自分でいくら言い立てたとて、
そんな言葉は信用できまい。
（ヨハネ五・三一）

わたしが、この世に生れ、この世に来たのは、人の真《まこと》の生き方についてはっきりと教え、いかにももっともだと悟らせてやろうとてのことでござる。
（ヨハネ一八・三七）

五十四──ロゴスとは何か

ヨハネ福音書の冒頭は壮大な天地創造の詩だと言われます。その一番始めの部分は「はじめにロゴスがあった」という有名な言葉で始まります。ロゴスは言《ことば》と訳されています。

初めに言《ことば》があった。言《ことば》は神と共にあった。言《ことば》は神であった。この言《ことば》は、初めに神と共にあった。万物は言《ことば》によって成った。成った物《もの》で、言《ことば》によらずに成ったものは何一つなかった。言《ことば》の内に命があった。命は人間を照らす光であった。光は暗闇《くらやみ》の中で輝いている。暗闇は光を理解しなかった。

（ヨハネ一・一〜五／新共同訳）

でも、これではまるで判《はん》じ物《もの》です。ロゴスを「言《ことば》」とする訳は適切なのでしょうか。

ロゴス＝①言葉。　②言われる事柄、出来事。
③計算、勘定。　④尊重、価値。
⑤答弁、弁明。　⑥理由、動機。

⑦関係。　⑧割合、類比。

⑨ロゴス（当時の哲学用語）＝道理、理性、思考。

日本語で「言葉があった」は「はじめに市長さんのお言葉があった」のように「正式の挨拶・演説をした」という意味で使う言い方です。誰が挨拶したのでしょう？「言《ことば》は神と共にあった」というと、言葉が実体的な存在としてそこにあるという意味にとられます。これはあり得ません。神さまがお二方になってしまいます。

そこで「言」を空欄にして検討してみました。

はじめに□があった。□は神と共にあった。□は神であった。□ははじめに神と共にあった。すべてのものは□によってできた。できたもので、□によらずにできたものは、何一つなかった。

この□の中に、ロゴスの意味だとされる単語を取っ換え引っ換えはめこんで、どれが一番よくわかり、なるほどと思われるかを探してみたのです。

結論をいうと、一番納得できる解答は「思考」でした。つまり「思い」です。そもそも神さまに言葉など無用なのです。言葉というのは人間が互いに意思の疎通を図るために工夫した音声信号のことで、さまざまな音韻構造や、あまり合理的とも言えない文法規則によって束縛された不完全な通信手段に過ぎません。そんな不完全な通信手段である「言葉」は神さまには不要です。言葉を発するのは心の思いです。思いこそが言葉のもとです。そして、神さまは思うだけで万物を成らせるというお方です。

ギリシャ語の語順から受ける強調の語感を大切にして、「はじめにあったのは、神さまの思いだった」と訳しました。

でも「思いは神と共にあった」も不自然な日本語です。思いは日本語の表現上、胸にあるものです。神さまのその思いは神さまの息吹となって人々の心に吹いてきます。「思いは神さまの胸にあった」というのがいいでしょう。

「思い（ロゴス）は神（テオス）だった」

定冠詞のついているのが主語ロゴスで、テオス（神）は無冠詞の主格補語です。つまり、このテオスは存在者として認定されてはおらず、神さまがお二方であるという意味にはなりません。主語ロゴスの本性を表わす言葉です。だからここは「その思いこそ、神さまそのもの」と訳しました。

このよう考えてヨハネ一章一〜五節は次のように訳しました。

初めにあったのは
神さまの思いだった。
思いは神さまの胸にあった。
その思いこそ神さまそのもの。
初めの初めに神さまの
胸のうちにあったもの。

神さまの
思いが凝《こご》って
あらゆる物が生れ、
それなしに
生れた物は一つもない。

神さまの思いには
あらゆるものを生かす力があって、
それはまた、
生きる喜びを人の世に
輝かす光だった。

光は人の世の
闇を照らしているというのに、
闇に住む人はそのことに
気がつかないでいたのだった。

（ガリラヤのイェシュー）

五十五　「闇」とは何か

光は人の世の
闇を照らしているというのに、
闇に住む人はそのことに
気がつかないでいたのだった。

（ヨハネ一・五／ガリラヤのイェシュー）

「闇」とは何でしょうか。
ヨハネがこの福音書の冒頭に掲げたこの言葉は聖書全体を貫くテーマであると思われます。これを理解するために、創世記の初めに書かれた二つの物語を思い出してみましょう。
人の先祖アダムとエワが楽園にいたとき、神さまは楽園の中央に「命の木」と「善悪を知る木」を植え、この「善悪を知る木」の実だけは食べてはならない、食べれば死ぬとおっしゃいました。蛇が女をそそのかし、女はそれを食べ、男にもすすめ、男もそれを食べました。すると二人は自分たちが裸であることに気づき、イチジクの葉で褌《ふんどし》を作りました。神さまが、なぜ食べたかと問うと、男は「あなたさまがわたしと共にいるようにと造った女がすすめたからです」と答えました。女は「蛇がだましたからです」と言いました。こうして彼らは楽園を失い、死すべきものとなりました。「失楽園」の物語（創世記二章十五節〜三章二十四節）です。

神さまが禁じたのは「善悪を知る木」の実でした。「知る」には「支配する」という意味があります。ことの善悪を判断するときに、「俺は絶対に正しい！」という信念の人になる、神さまと同じ絶対者となるという意味です。その効果はたちまち現われました。

アダムは主張します、「確かに神さまはあの木の実を禁じたが、神さまが助け手として与えたエワがすすめたから、食べてもよいと判断した。つまりは、神さまがわたしに食べさせたのだ」と。エワもまたそれを蛇のせいにしました。蛇も神さまの造ったものですから、結局は神さまが食べさせたのだという論旨です。もっともではあります。でも、この答えを聞いた神さまは二人を楽園から追放しました。

これはあくまでも物語。現実の事件ではありません。無名の作者が現実の人間の暮しや歴史の中で起きたさまざまの事件から見えてきた問題を物語に託して語っているのです。

アダムにしてもエワにしても、それなりにきちんと理由があって、自分の行動が正しいということを、神さまに向かってさえ臆せずに主張しています。何が善かを自らの力で判断し、間違っているのは相手であり、決して自分ではないと主張しました。「善悪を知る木」の実を食べたとはそういう寓意です。　その報いは楽園の喪失、惨めな苦役と死。

次の話は、創世記十一章一～九節にある「バベルの塔」の物語の要約です。

世界中の人々は**ただ一つの言葉**を話していました。彼らは「天まで届く塔のある町を建設し、名声を得、全地に散らされることのないようにしよう」といい、煉瓦とアスファルトで巨大な塔のある町を建設しました。彼らの理想は神さまの御座所である天に登ろうという理想でした。胸も躍る理想です。その結果、彼らの言葉は乱れ、互の心も通じず、人々は建設を放棄し、分裂し、分散しました。町はそれゆえバベル（混乱）と呼ばれました。

偉大な理想を掲げ、営々として励んだ人々の行く手に待っていたのは、互いの言葉さえも通じなくなるほどの分裂と破滅であったという話です。

この二つの物語は、人間というものが持っている、根源的な闇の本質を語っています。歴史に繰り返された多くの殺し合いを考えてみましょう。一切の争い、殺戮《さつりく》は正義と理想の名のもとに行なわれました。その結果は果てしない憎悪、流血、破壊。そして現在でもなおわれわれはこうした惨害の中に怯えて暮らしています。「自分こそが正しい」と信じる崇高な志に誠実であろうとすればするほど、人は破滅の道に突き進む。この恐ろしい矛盾を、聖書は「闇」と呼び、そして後世のキリスト教は「原罪」と呼んでいます。

何が正しくて、何が正しくないかを懸命に考えること、正しいと信じることに誠実であろうとすることが人を破滅に導くのなら、いったいどうしたらいいのでしょう。いかに考えても、解決の道は見つかりません。この恐ろしい矛盾に正面から向き合ったのがイスラエル人たちでありました。彼らの偉大さの原点は実にこの一点にあったと思います。

この矛盾に解決を与え、闇に光を照らすのは神さましかないとイスラエル人は考えました。その答えは神さまだけが御存知で、いつの日かきっとわれわれに示してくださるに違いない。旧約聖書全編を貫く巨大なテーマがこれです。預言者（御言持ち）と呼ばれた人々が指し示すのは、やがて神さまから遣わされた「メシア」がその救いの道を示し、「闇からの解放」を実現するであろうという強烈な期待でありました。その期待感は、ユダヤ民族が存亡の危機にあって苦しんでいたイエスの時代に火のように激しく燃えあがり、多くの人々がこれを政治的な解放者ととらえて、自分こそは「メシア＝キリスト」すなわち「お助けさま」であると叫んで、武器を手に立ちあがりました。実にあの時代は「キリストたちの時代」だったのであります。

五十六──三位一体

誰が風を見たでしょう。
僕もあなたも見やしない。
だけど木の葉をふるわせて、
風は通りぬけてゆく。

（クリスティナ・ロセッティ詩／西条八十訳）

先に述べたように、プネウマという言葉は、「風・息・命・魂・心・霊」という意味を区別なく併せ持ちます。古代人にとって、風は息であり、息は命であり、命は魂であり、心であり、こうしたものはすべて風＝プネウマ＝なのでありました。

風は空気という〈もの〉が動く〈こと〉です。風という実体のある〈もの〉はありません。息＝呼吸＝とは肺に空気が出入りし、酸素と炭酸ガスの交換がなされる〈こと〉をいいます。これが生命活動に必須なので、プネウマは「命」そのものとも考えられました。命とは、複雑に組みあわされた物質のまとまりが自己完結的なエネルギーの循環系を構成し、自己保存と種族保存を実現する〈こと〉です。また心とは、このような生命体の中の高度に発達した種族が、その大脳系を働かせて高次の認識・思考を行なう〈こと〉であります。

この世界では、〈こと〉はすべて〈もの〉に依存しています。〈もの〉と〈もの〉との関わりの中で生じる現象が〈こと〉であります。

プネウマは「霊」とも訳されます。神さまのプネウマについては特に「聖霊」といいます。「霊」とは「知恵と自由意志とを持つ非物質的な、それゆえ不滅の存在者である」と西洋中世の哲学者は考えました。人間とは、体と霊魂によってできているものだともいいます。しかし、知恵も自由意志も脳細胞の働きであり、〈こと〉に分類される概念です。それ自体が独立して存在する〈もの〉ではありません。

さて、霊は〈もの〉か、〈こと〉か。物質ではないのだから〈もの〉ではない。ところが肉体を離れてもなお存在するというのですから、事実はどうであれ〈もの〉的概念で、名詞としての「霊」は「もの名詞」の一種です。プネウマの持つさまざまの意味が、他はすべて「こと名詞」で説明されているのに「霊」だけは「もの名詞」で異質です。整合性がとれません。ですからわたしはこの「霊」という訳は採用しないことにしました。

神さまのプネウマは、この言葉の元来の素朴な意味のとおりに、「神さまの息／神さまの息吹」と訳すのがいいと考えます。

神さまはただお一方ですが、われわれの仰ぎ見るそのお姿には三つのお姿があります。水

（H_2O）が本質は何も変わらないのに、そのあり方に固相（氷）と液相（水）と気相（蒸気）という三つがあるように、神さまもそのお姿に三つのお顔がおありなさるのです。

伝統的に「父」とお呼びする第一のお姿は「慈しみ」です。天地万物をお造りなさり、それを維持していらっしゃるのは、常に慈しむ対象を求めてやまない御本性「慈しみ」の故であります。「子」とお呼びする第二のお姿は神さまの熱い「思い」です。神さまの慈しみの心が発する熱い思いが万物を成らせます。イエスは神さまのその思いが人間世界に凝集したお姿です。聖霊（プネウマ）とお呼びする第三のお姿は、神さまの慈しみから発する熱い思いを運ぶ「息吹」つまり「働きかけ」のことです。

神学で「三位一体論」と呼ばれているのは、神さまの御本性について考えたこのような理解をいいます。ただ、「一体」という漢字から受ける印象は、神さまを一個の実体のある〈もの〉としてとらえさせてしまう欠点があります。神さまに体はありません。「慈しみ」も「思い」も「働きかけ」もすべては〈こと〉です。

ギリシャ語という言語は、名詞を〈もの〉と〈こと〉に峻別するという感覚を発達させていず、「ものごと調和」を破っても平気な顔をしている言語です。この構造が、神さまのお姿を現わすのに「父・子・聖霊」という〈もの名詞〉を使わせているように思われます。それであたかもお三方の神さまがいて、そのお三方が実はお一方の神さまだと聞くと、孫悟空の分身の術みたいで、頭がこんがらがってしまいます。「姿」は実体のある〈もの〉ではなく、本来そのものの「ありよう」という〈こと〉を表わす言葉です。

われわれの次元における〈こと〉は常に〈もの〉に依存して生じます。しかし、神さまと被造物との関係においてはこの「もの・こと関係」が逆転しています。神さまが思うという〈こと〉がすべての〈もの〉を生ぜしめます。〈もの〉は神さまが「思う」という〈こと〉によって存在するのです。〈もの〉は常に時間と空間という次元に限定されて存在します。しかし、時空そのものも神さまによって造られたものです。神さまは時空を超えたその上のお方です。われわれの五感では感知できません。われわれが神さまを知るのは、ただこの世界におきる出来事を通してだけです。この世界全体が渾身の力をふりしぼって神さまのお姿を示しているといってもよいでしょう。

「神さま」という名詞は〈もの名詞〉ですが、これは他に適当な呼び方がないからそうお呼びしているだけのこと。神さまは〈もの〉ではありません。神さまという〈こと〉があるのです。われわれの住んでいる世界の次元では〈こと〉は〈もの〉に依存して生じるものなのに、その〈もの〉は神さまというさらに高次元の〈こと〉によって存在すると「ヨハネ一章三節」は言っているようにわたしには読めます。

五十七 ニコデモとの対話

場所はエルサレムの裏小路。ある夜更けのことです。ファリサイ派に属するユダヤの最高会議（サンヘドリン）の議員という高い身分の、ニコデモという人物がこっそりとイエスの泊っていた宿の扉を叩きました。イエスとファリサイ派とは既に険悪な関係にあり、イエスは危険人物として彼らに命を狙われていました。ニコデモはしかしイエスにひとかたならぬ関心があり、その教えを乞いに来たのです。仲間から裏切り者呼ばわりされることを恐れ、人目を忍んでこんな夜中にやって来ました。

そのニコデモとの対話の中でイエスはこんなことを言っています。

肉から生まれたものは肉である。霊から生まれたものは霊である。（ヨハネ三・六／新共同訳）

風は思いのままに吹く。あなたはその音を聞いても、それがどこから来て、どこへ行くかを知らない。霊から生まれた者も皆そのとおりである。（ヨハネ三・八／新共同訳）

「風」あるいは「霊」と訳されているもとの言葉はプネウマです。このままではわかりにくいので『ガリラヤのイェシュー』での訳を示しましょう

親の体から生れたのはこの体。
神さまの息が風となり、
吹き寄せて生れたのはこの思い。

（ヨハネ三・六）

神さまの息は、
その胸の思いを乗せて風となり、
思いのままに吹いて来る。
そうしてそなたはその声を聞く。
だけれども、
そよ吹く思いのその風が
何処《いずこ》から吹いて来て、
何処に向かっているものか、
そなたがわかっていないのだ。

いいかね、
あの風の生み出す思いは、
すべてこうしてなるものだ。

（ヨハネ三・八）

人の体は親からもらったものです。でも、心の思いはどこから来るのでしょう。親から貰ったものではありません。それどころか、どうしてこんな思い、こんな望み、こんな憧れが自分の心に生まれるのか、自分にだってよくわからない。人は誰でもあるとき心の中にそんな熱い思いを抱きます。損得などはどうでもいい、とにかく自分はこのことをやりたいのだ。あるときにはぼんやりと夢のように、あるときには激しく火のように、胸の中に湧いてくるこの思い。

「なあ、ニコデモの旦那！」と、ほの暗くゆれる灯の下で、目をキラキラと輝かせながらイエスは言います、「それは、神さまの息が神さまの思いを乗せて風となり、俺たち一人ひとりの心に吹き寄せて生まれるのだ」

心の中に吹く風の声にじっと耳を澄ませてみましょう。本当にやりたいこと、損得を抜きにしても何としてもやりたい思い、憧れ、これはみんな神さまがお前さんを導いているんだ。ただ、お前さんはそれがどこから来たものなのか、どこへお前さんを導こうとしているのか、わかっていないだけなんだ。いいか、心の風の運ぶ思い、憧れは、みんなこのようにして生まれてくるんだ、とイエスは言います。この夜更けに、お前さんをここに運んできたのも、神さまのやさしい息吹なのだよと、イエスは言いたいのでしょう。

そうした心の思いというものはすべての人間の心の中にそのようにして生まれます。神さまの思いを乗せて吹く風が運んできたものです。それならば、自分の思いと同じように、他人の思いにもまた神さまの心が反映しているはずです。

だから、自分の思いを大切にするのと同じように、他人の思いをもまた大切にしなければならないのだと、イエスは言っているのです。

五十八──こわがるな

まことを語る神さまの息が
風のようにお前たちを包《つつ》む。
［助っ人さまとはその息だ。］
この世の者らは見ないし、悟らぬ。
だから、その身にお迎えできない。
だけども、現にそなたらは
そのお方《かた》をよく知っている。
そのお方は
そなたらの間に今いなさるし、
そなたらといっしょに
これからもいなさる。

（ヨハネ一四・一七／ガリラヤのイェシュー）

イエスがこの世を去るにあたって弟子たちに言い残した言葉の中の一節です。この俺は神さまの思いをお前たちに伝えに来た、神さまの思いそのものなんだ。俺は、去る。だがその代わりに、パラクレートス（助け手、助っ人さま）をよこす。これこそが神さまの息そのものだ。人はこれがわかっていない。でも、お前たちは今はもうしっかりとわかっている。その方はお前たちの間に今もいるし、これからもずっといる。

イエスの話は時の流れを超えます。自分がこの世を去って、しかる後にその助っ人さまをよこすと言いつつ、実はその助っ人さまは今現にお前たちの間にいるんだぞと言います。ただそれを人がさっぱりわかっていないから、こうして俺が教えているのだと言います。それはイエスの死と復活という一連の出来事によって示されるでしょう。

助《すけ》っ人《と》さまが来なさるぞ。
その方こそは神さまの尊《たッと》い息だ。
神さまのまことの姿を示すお方《かた》だ。
父《とと》さまのもとから来なさるお方だ。
父さまのもとからこの方を俺がよこす。
その時にこの方は
俺の語ったことは本当だと

シッカリ話して聞かせるだろう。
初めから
俺といっしょのそなたらだから、
俺の言葉は本当なのだと、
人が合点《がてん》が行くように、
やはりシッカリ請け合うはずだ。

（ヨハネ一五・二六〜二七／ガリラヤのイェシュー）

助っ人さま、つまり神さまの働きかけ＝息吹＝は、神さまの思いであるこの自分の言って聞かせたことをよく理解できるようにお前たちを手伝ってくださるという。そのイエスの言って聞かせたこととは何でしょう。それは、たった一つ、次のことだけです。

新しい掟《おきて》をお前たちに与える。
お前たち、互いに相手を大事にし続けろ。
俺がそなたらを大事にしたように、
そなたらも互いに相手を大事にし続けろ。

（ヨハネ一三・三四／ガリラヤのイェシュー）

「互いに相手を大事にしろ」、これだけがイエスの与えた命令でした。自分の思いが神さまの息吹によって導かれているように、相手の思いもまた神さまの息吹によって導かれているからです。たとえそれが自分の思いとは正反対のものに見えたとしても、相手の心にも吹いている神さまの息吹を聴けということです。これこそが「闇」を照らす「光」だとイエスは言っています。

でも、国際間の血みどろの争いを見るまでもなく、自分の考えと正反対の考えに耳を傾け、大事にするということはまことに難しく、また恐ろしいことではありませんか。

両者は自分が絶対に正しいとし、相手の言い分に耳を貸さない。耳を貸すことは、自分の信じる正義が根底から覆され、自分の存立の基盤すら否定されかねない。その恐怖から人は自説にしがみつき、人の言い分に耳を貸さず、相手を攻撃し、かくして地獄の闇に落ちてゆきます。

「互いに相手を大事にしろ」というイエスの命令のむこう側にはこのような恐怖が暗黒の口を開けています。これこそが「闇」の正体でした。「自分は絶対に正しい」と主張するその心はこの恐怖によって生まれ、増殖します。この恐怖が取り除かれないかぎり、われわれはイエスの命令には従えないのです。

五十九──心配するな

自分とは正反対の人の意見を自分の意見と同様に尊重し、そこにも神さまの思いが反映しているはずだとして向き合うことが、しばしばどんなに困難なことか、われわれはよく知っています。資本主義こそが正しい原理だと信じる陣営と、共産主義こそが最も正しい原理だとする陣営とはこの地球上の国々を真っ二つにわけて、推定一万九千発もの原子爆弾をかかえて睨《にら》み合っています。そこには複雑な利害がからみ、泥沼のような恐怖が支配しています。国と国との関係もそうですが、われわれの市民生活、家庭生活の段階でもそのようないがみ合いは恐怖とそれがもたらす憎悪によって支えられています。

では、イエスは何をもってこの恐怖に対抗させようとするのでしょうか。イエスは言います。

俺の語る言葉を聞いて、
俺をよこした神さまに
進んでその身を委《ゆだ》ねていれば、
いつでも明るく活き活きと

生きる力が具《そな》わって、
その身を滅ぼすことがない。
墓場《はかば》の闇から抜け出して、
喜び輝き生きるのだ。

（ヨハネ五・二四／ガリラヤのイェシュー）

「心配するな。びくびくするな。怖がることは何もない」とイエスは言います。

「神さまにお任せしていればそれでいいんだ」と言うのです。恐怖は神さまに対する信頼の心が不足だから起きる。神さまはすべての人をお造りになった親だ。どうして神さまを信頼しないのだ。かならずよい方向へ神さまが導いてくださるはずだと言うのです。

そうは言っても、怖いものは怖い！　イエスだって、恐怖から無縁ではありませんでした。ゲッセマネの園で血の汗を流す恐怖の時間をたっぷりと味わい、のたうち回っているではありませんか。それでも彼は、相手を大切にするという生き方を身をもって示すために、イエスのために武器をとり命をかけて戦おうとする弟子たちを叱りつけて去らせ、無残に殺されました。

相手をとことん大事にするという生き方の究極の恐怖の姿をイエスはわれわれに見せてくれました。その断末魔の苦痛を前にして、彼は何と言ったでしょう。

今、俺は
《人の子》として認められた。
《人の子》の働きで
人は神さまの
有難さがわかり申した。
《人の子》の働きで
神さまの有難さが現われたからには、
よくぞやったと神さまも
自《みず》ら《人の子》をお認めなさる。
今《人の子》をお誉《ほ》めくださる。

（ヨハネ一三・三一～三二／ガリラヤのイェシュー）

「人の子（自分をお助けさまとして意識するときのイエスの自称）」としてのイエスが、神さまの思いを我が身に背負って断然実行するので、それを御覧になった神さまが「よくぞやった！」とほめてくださる。その嬉しさこそは、生き死にをも超えるものだ。そして、「人の子」のこの姿を見て、人が「ああ、神さまとはこんなお方だったのか」と心から理解し、そのありがたさに涙を流すとき、神さまもまた嬉しさに光り輝く。その神さまの思いがこのイエスなのだ。その喜びの前にはいかなる恐怖も闇も太陽の前の霧のように消えてしまう。

……「父」に認められることの嬉しさを、こうして叫ぶイエスの心の、なんという切なさでしょう。

六十　裸のペトロ

ヨハネ二十一章は、イエスの死後、都落ちしてガリラヤに戻った弟子たちと、彼らに現われたイエスの物語を載せています。ここはわたしの空想をまじえて、ちょっと小説風に思い描いてみたいと思います。

弟子たちはふるさとのガリラヤに帰り、シモン・ペトロを中心にして、ひっそりと暮らしていた。

これからどうしていいのか、確たる方針があったわけではない。イエスの悲惨な死、自分たちの裏切り、そしてイエスの復活。あまりにも強烈な体験だった。彼らにはそれらの意味するところをじっくりと心の中に熟成させ、整理する時間が必要だった。

ふるさとのカファルナウムで、男たちはひねもす湖を眺めて暮らしていた。胸の中には火のような思いだけが渦巻いていた。だが、その火が何物なのか、彼らにはまだわかっていなかった。

「漁に出るぞ」と親分のペトロが言った。

夕方だった。

トマと、ナタナエルと、網元ゼベダイ親方の二人の息子、つまりヤコブとヨハネ、そのほか『ヨハネ福音書』の著者の記憶から消えたもう二人の弟子が一緒だった。推測するに、シモン・ペトロの弟アンドレと、ナタナエルの親友フィリッポではなかったか。

ガリラヤ湖の漁師たちは夜に漁をする。水温の関係で、昼間は湖底深くにいる魚が、夜涼しくなると水面にあがってくるからだ。それを刺し網で捕る。

彼らは一晩中網を打ち続けた。

東の空が白っぽくなって、そろそろ夜も明けようというのに、その晩はまるっきり不漁だった。前の日、天気がよかったので、水温が高かったせいかも知れない。

「やれやれ、こんな不漁は珍しい。どうなっているんだ、まったく」と漁師たちはぼやいた。

重い網を水に降ろし、そして引き上げる。それだけでも重労働である。彼らはみな褌《ふんどし》一本の裸で、飛沫《しぶき》と汗でびっしょりだった。

夜が白々と明け初めるころ、岸辺に声がした。

男が一人立っていて、手を振って何か叫んでいる。

「おうい。朝飯のおかずにする魚はねえか」

まだ夜も明けきらないうちに、もう朝飯か、と男たちは岸辺を眺めた。男との距離は約九十メートル。薄明の中では誰だかよくわからない。

「あいにくだな、まるっきり何もねえよ！」

すると、よく通る声が水面を渡ってきた。

「船の面舵《おもかじ》前《まえ》（右舷）に網を下ろしてみろ。捕れるぞ！」

誰かが呆れて呟いた。

「一晩中網を打ったのに一匹も捕れなかったんだ。もうあきらめようぜ」

ほかの者が言った。

「ま、だめでもともと。試しにもう一度やってみるか」

網がまた盛大な水しぶきをあげて投げこまれた。

男たちは驚きの叫び声をあげた。

「何だ、これは！」

重い！

網の中に信じられないほどたくさんの魚がかかっている。魚どもの暴れる動きがビンビンと伝わってくる。彼らは一時すべてを忘れた。全員、夢中で網にとりかかった。

誰かが悲鳴をあげた。

「網が裂ける！」

かろうじて網は裂けなかった。

目のいい若いヨハネがへさきに立って暁のかすかな光の中に岸辺をすかして見ていたが、素《す》っ頓狂《とんきょう》な声で叫んだ。

「旦那だ！」

その声に一同は一斉に岸を眺めた。そうだ、あれはイエスだ！　ペトロが船べりに片足をかけて水に飛びこもうとし、ふとおのれの姿に気づいた。みな褌一本の姿だった。こんな姿で旦那の前に出るわけには行かないと、ペトロはあわてた。船底に粗末な上っ張りが脱ぎ捨ててある。ペトロはそれを腰の周りに帯のように巻きつけて、ぎゅっと縛った。そして何やら獣じみた歓喜の叫びをあげて、ザブンと水に飛びこんだ。

ペトロは泳いだ。大漁で船脚が極端に遅くなった小舟は仲間に任せて、自分は力泳、また力泳。このひた向きさ、素朴さ、後先考えない熱情。愛すべき岩男《いわおとこ》のシモン！　足が湖底につく。ザブザブと水しぶきをはね上げて、湖岸に走る。ずぶ濡れの上っ張りを羽織《はお》るのももどかしく、息せききって走る。走る。

「旦那ーっ！　旦那ーっ！」

六十二　俺に惚れこんでいるのか

『新共同訳』のヨハネ二十一章十五～十七節には、この後、イエスがペトロに向かって三度も「わたしを愛するか」と尋ねる場面が描かれています。ペトロは三度とも「主よ、わたしはあなたを愛しています」と答え、イエスは三度とも「わたしの羊を飼いなさい」と命じます。ひげ面のごつい男同士の会話ですよ。このせりふをそのまま日常空間でしゃべって御覧なさい。まことに珍妙なものではありませんか。

原文ではこうです。

一回目、イエス「アガパオーしているか？」　ペトロ「フィレオーしている」
二回目、イエス「アガパオーしているか？」　ペトロ「フィレオーしている」
三回目、イエス「フィレオーしているか？」　ペトロ「フィレオーしている」

「愛している」と一律に訳されてきた内容は、実はアガパオーとフィレオーという二つの動詞が使いわけられていました。アガパオーはすでに述べたように、「愛する」というよりは「大事にする」という意味です。好き嫌いの感情よりも、相手を大事にするという行動に重きを置きます。一方、フィレオーは「好く」であって、これは感情的な側面の強い表現です。『ヨハネ』はこれをきちんと書きわけているのに、なぜか伝統的な翻訳は両者を区別しません。不思議です。

一回目のイエスの質問は「俺を大事にするか」です。するとペトロが「旦那はわかっているはずだ。俺は旦那が好きなんだ」と答えます。

二回目もイエスは同じ質問をします。ペトロはまたも同じ答えをします。

ところが三度目のイエスの質問は違います。「俺を好きか」と尋ねています。情けなくなったペトロは三度とも同じ答えをします。この心理的なやりとりは実に一つのドラマです。一律に「愛している」では表わせない活き活きとした人間の息吹が感じられます。

ヨハネ福音書のこうした特徴をわたしはとても好きです。

ここは『ガリラヤのイェシュー』で読んでみてください。

朝飯が済んだ時、イェシューさまはシモン・ペトロに言いなさった。

「ヨハネの倅《せがれ》シモン。ここにいる誰《だれァ》が思《おも》うよりも、お前《めァが》はこの俺《おれァどゴォ》 を大事《でァじ》に思《おも》っててか（思っているか）？」

ペトロは言った。

「はァ、旦那《だんな》。お前様《めァさまァ》がわがっていやるように（わかっていなさるように）、この俺《おれァ》はお前様《めァさま》に惚《ほ》れでおりァす。」

イエシューさまは言いなさった。

「俺《おれァ》の子《こ》っこ羊等《ひづじァど》の世話《せわァ》をしろ。」

イエシューさまはまた二度目にペトロに言いなさった。

「ヨハネの倅《せがれ》シモン。お前《めァが》はこの俺《おれアどゴォ》を大事《でアじ》に思《おも》ってっか？」

ペトロは言った。

「はァ、旦那《だんな》。この俺《おれァ》がお前様《めァさまさ》に惚《ほ》れ込《ゴ》んでっつう事《ゴどァ》はお前様《めァさまァ》はよっくわがってやる。」

イエシューさまは言いなさった。

「俺《おれァ》の羊等《ひづじアど》の面倒《めんどうォ》を見《み》ろ。」

イエシューさまは三度《みたび》ペトロに言いなさった。

「ヨハネの倅《せがれ》シモン。お前《めァが》はこの俺《おれさ》に惚《ほ》れ込《ゴ》んでんのが？」

イエシューさまが三度目には、「お前《めァが》はこの俺《おれさ》に惚《ほ》れ込《ゴ》んでんのが？」と言ったものだから、ペトロはすっかり情けなくなって、ああ、これはあの晩この俺が三度も旦那のことを「知らねァ」などとひどい嘘をついたせいかと、もう死んでしまいたいほど落ちこんで、涙声になりながら言った。

「旦那《だんな》、お前様《めアさま》は《ア》何《なん》だってわがっていやる！　俺《おれア》がお前《めア》さまに首《くび》ったげなのァ知《し》っての通《とお》りでがんす！」

イエシューさまは

カラカラと打ち笑って、びしょ濡れのペトロの肩をガッシリとつかみ、こう言いなさった。

「お前《めア》が、俺《おれア》の羊《ひづじ》等《アど》の世話《せわア》をしろ！」

朝日が昇ろうとしていた。

（ヨハネ二一・一五～一七／ガリラヤのイエシュー）

参考文献

●ケセン語関係

「ケセン語入門」山浦玄嗣、共和印刷企画センター、一九八六
「ケセン語大辞典」山浦玄嗣、無明社出版、二〇〇〇
「ケセン語の世界」山浦玄嗣、明治書院、二〇〇七

●聖書関係・自著

「ケセン語訳新約聖書・マタイによる福音書」山浦玄嗣、イー・ピックス大船渡印刷、二〇〇二
「ふるさとのイエス」山浦玄嗣、キリスト新聞社、二〇〇三
「ケセン語訳新約聖書・マルコによる福音書」山浦玄嗣、イー・ピックス大船渡印刷、二〇〇三
「ケセン語訳新約聖書・ルカによる福音書」山浦玄嗣、イー・ピックス大船渡印刷、二〇〇三
「ケセン語訳新約聖書・ヨハネによる福音書」山浦玄嗣、イー・ピックス大船渡印刷、二〇〇四
「走れ、イエス！」山浦玄嗣、キリスト新聞社、二〇〇四
「人の子、イエス」山浦玄嗣、イー・ピックス大船渡印刷、二〇〇九

●聖書関係・その他

「我主イエズス・キリストの新約聖書」公教宣教師ラゲ、公教会大浦天主堂、一九二六
「カトリック聖人傳・上巻」光明社、一九六八
「カトリック聖人傳・下巻」光明社、一九六九
「口語訳旧約新約聖書」バルバロ、ドン・ボスコ社、一九六三
「聖書・新共同訳―旧約聖書続編付き」共同訳聖書実行委員会、日本聖書協会、一九八七
「新約聖書」フランシスコ会聖書研究所、中央出版社、一九八八
「新約聖書　福音書」佐藤研・小林稔、岩波書店、一九九六
「日本語対照ギリシア語新約聖書１　マタイによる福音書」左近義滋・平野保監修、川端由喜男編訳、教文館、一九九一

「日本語対照ギリシア語新約聖書2　マルコによる福音書」平野保監修、川端由喜男編訳、教文館、一九九一
「日本語対照ギリシア語新約聖書3　ルカによる福音書」平野保監修、川端由喜男編訳、教文館、一九九三
「日本語対照ギリシア語新約聖書4　ヨハネによる福音書」平野保監修、川端由喜男編訳、教文館、一九九五
「日本語対照ギリシア語新約聖書5　使徒行伝」加山久夫監修、川端由喜男編訳、教文館、一九九六
「新約聖書外典」荒井献編、講談社文芸文庫、一九九七
「ユダヤ古代誌6」フラウィウス・ヨセフス、秦剛平訳、筑摩書房、二〇〇〇
「日本語対照ギリシア語新約聖書6　ローマ人への手紙・コリント人への手紙」永田竹司監修、川端由紀夫編訳、教文館、二〇〇一
「小さくされた人々のための福音—四福音書および使徒言行録—」本田哲郎、新世社、二〇〇一

I Santi Evangeli: Fratelli Treves, Milano, 1890
Novum Testamentum et Psalterium: Libreria Editrice Vaticana, 1982
Dios Habla Hoy, La Biblia versión popular: Sociedad Biblica Americana, 1989
La parola di Dio, La Bibbia: Libreria Editrice Fiorentina, Firenze, 1960
The Holy Bible, New Revised Standard Version: American Bible Society, New York, 1989
The New Jerusalem Bible, Reader's Edition: Darton, Longman & Todd Ltd., London, 1990
Good News New Testament, The New Testament in Today's English Version: American Bible Society, New York, 1992
Le Nouveau Testament illustré en français courant: Alliance Biblique Uniwerselle, Paris, 1996
Parola del Signore, La Bibbia in Lingua Corrente: Alleanza Biblica Uniwesale, Roma, 1998
Interlinear Greek-English New Testament King James Version, George Ricker Berry, Baker Books, Michigan, 1998
The Greek New Testament, Fourth Revised Edition: edited by B. Aland et al., Deutsche Bibelgesellschaft, United Bible societies, Stuttgart, 1998
Die Bibel Luther-Übersetzung, Deutsche Bibelgesellschaft, Stuttgart, 1999

●注解書関係

「キリスト教百科事典」小林珍雄、エンデルレ書店、一九六八
「近代日本キリスト教文学全集一四　聖書集」、笹淵友一、教分館、一九八二
「イエス時代の背景」S・サフライ（有馬七郎訳）、ミルトス、一九九二
「隙間だらけの聖書」大貫隆、教文館、一九九四

「福音書のイエス・キリスト1　マタイによる福音書　旧約の完成者イエス」小河陽、日本基督教団出版局、一九九六
「福音書のイエス・キリスト2　マルコによる福音書　十字架への道イエス」川島貞雄、日本基督教団出版局、一九九六
「福音書のイエス・キリスト3　ルカによる福音書　旅空に歩むイエス」三好迪、日本基督教団出版局、一九九六
「福音書のイエス・キリスト4　ヨハネによる福音書　世の光イエス」大貫隆、日本基督教団出版局、一九九六
「主の祈りのユダヤ的背景」B・ヤングら（河合一充訳）、ミルトス、一九九八
「イエスはヘブライ語を話したか」D・ビヴィンら（河合一充訳）、ミルトス、一九九九
「新共同訳新約聖書略解」山内真監修、日本基督教団出版局、二〇〇〇
「ナザレ派のイエス」前島誠、春秋社、二〇〇一
「ユダヤ人イエス」D・フルッサー（池田裕・毛利稔勝訳）、教文館、二〇〇一
「イエス誕生の夜明け　ガリラヤの歴史と人々」山口雅弘、日本基督教団出版局、二〇〇二
「カトリック教会の教え」新要理書編纂特別委員会、カトリック中央協議会、二〇〇三
「イエスとその福音」岩島忠彦、教友社、二〇〇五

●辞典、文法書関係

「羅和辞典」田中秀央、研究社、一九六六
「新聖書大辞典」馬場嘉市編、キリスト新聞社、一九七一
「国語大辞典　言泉」林大、小学館、一九八六「講談社カラー版　日本語大辞典」梅棹忠夫ら、講談社、一九八九
「ギリシャ語辞典」古川晴風、大学書林、一九八九
「新明解国語辞典」第五版　金田一京助ら、三省堂、一九九七
「増補改訂　新約ギリシャ語辞典」岩隈直、山本書店、二〇〇〇
「日本国語大辞典」第二版、小学館、二〇〇一
「新約聖書のギリシア語文法」織田昭、教友社、二〇〇三
The Exhaustive Concordance to the Greek New Testament: J. R. Kohlenberger III, et al., Michigan, 1995

■著者プロフィール

山浦玄嗣（やまうら はるつぐ）

1940年、東京市大森区山王生まれ。生後すぐ母方の故郷岩手県に移住し、大船渡市で育つ。故郷の大船渡市・陸前高田市・住田町・釜石市唐丹町（旧気仙郡）一円に生きている言葉「ケセン語」を体系化し、文法書『ケセン語入門』（共和印刷）や辞典『ケセン語大辞典（上・下）』（無明舎）を編纂。さらには、気仙の人々の心に届くようにと地元の言葉で四福音書を翻訳し『ケセン語訳新約聖書』（イー・ピックス）を出版。『ケセン語訳新約聖書』は2004年4月、特別謁見のなかで教皇ヨハネ・パウロII世に献呈された。

東日本大震災直後の2011年10月には『ガリラヤのイェシュー：日本語訳新約聖書四福音書』を著し、「2012年キリスト教本屋大賞」を受賞。2013年2月には、教皇ベネディクト16世より「バチカン有功十字勲章」を授与された。2014年11月には『ナツェラットの男』（ぷねうま舎）で「第24回ドゥマゴ文学賞」を受章。

郷土の歴史や文化への造詣も深く、詩集『ケセンの詩』（共和印刷）『ヒタカミ黄金伝説』（共和印刷）などの著作がある。

医師・言語学者・詩人・物語作家。

イチジクの木の下で

『ガリラヤのイェシュー』と合わせて読む
新約聖書四福音書解説書／上巻

2015年4月1日　第1版第1刷発行

著者——山浦玄嗣
発行所——イー・ピックス
（大船渡印刷出版部）
代表者——熊谷雅也
022-0002
岩手県大船渡市大船渡町字山馬越44-1
TEL 0192-26-3334
E-mail contact@epix.co.jp
URL http://www.epix.co.jp
デザイン・組版：及川デザイン室
印刷所——㈱平河工業社

ISBN978-4-901602-58-7 C0016　　Printed in Japan